中国优秀博士论文
DOCTOR
—— 法 学 ——

著作权集体管理组织的发展与变异

罗向京 著

知识产权出版社
全国百佳图书出版单位

责任编辑：刘　睿　　　　　　　责任校对：董志英

执行编辑：罗　慧　　　　　　　责任出版：卢运霞

特约编辑：马　利

图书在版编目（CIP）数据

著作权集体管理组织的发展与变异/罗向京著．—北京：知识
产权出版社，2011.7
　　ISBN 978 - 7 - 5130 - 0648 - 4
　　Ⅰ.①著…　Ⅱ.①罗…　Ⅲ.①著作权 – 管理 – 研究 – 中国
Ⅳ.①D923.414
　　中国版本图书馆 CIP 数据核字（2011）第 122322 号

著作权集体管理组织的发展与变异

罗向京　著

出版发行：知识产权出版社

社　　　址：北京市海淀区马甸南村 1 号　　　　邮　　编：100088

网　　　址：http：//www.cnipr.com　　　　　　邮　　箱：bjb@cnipr.com

发行电话：010 – 82000860 转 8101/8102　　　传　　真：010 – 82000893/82005070

责编电话：010 – 82000860 转 8113　　　　　　责编邮箱：liurui@cnipr.com

印　　　刷：北京富生印刷厂　　　　　　　　　经　　销：新华书店及相关销售网点

开　　　本：880mm×1230mm　1/32　　　　　印　　张：9.125

版　　　次：2011 年 7 月第一版　　　　　　　印　　次：2011 年 7 月第一次印刷

字　　　数：209 千字　　　　　　　　　　　　定　　价：25.00 元

ISBN 978 - 7 - 5130 - 0648 - 4/D · 1255（3548）

总　序

改革开放以来，我国经济社会发展的水平日益提高，科学技术和文化创作日益进步，知识经济的特征日益凸显，知识产权制度对科技和经济发展的支撑作用日益加强。

经过多年发展，我国知识产权事业取得了巨大成就，符合社会主义市场经济发展要求的知识产权制度基本建立。以 2008 年《国家知识产权战略纲要》的颁布为标志，我国知识产权制度从"调整性适用"阶段进入"主动性安排"阶段，知识产权制度的发展进入了一个新的历史时期，知识产权事业正在揭开一个新的篇章。

中国知识产权制度的建构、知识产权事业的发展与进步，离不开知识产权人才的培养，知识产权教育水平的提高和知识产权学术研究的进步。中国知识产权事业的发展需要全社会的共同努力。为提高我国知识产权学术研究水平，培育优秀青年知识产权研究人才，中国法学会知识产权法研究会与知识产权出版社自 2008 年始联合组织开展知识产权类优秀博士学位论文评选以及资助出版工作。该项工作具有丰富的内涵：

第一，以高层次、高质量的人才培养为目标。通过设立优秀博士论文奖项，鼓励更多优秀人才参与知识产权学术研究，不断增强我国知识产权制度的理论储备。

第二，以提高知识产权学术水平为导向。评选优秀博士论文，促使更多青年学人创作高质量学术著作，不断提高我国知识产权学术研究水平。

第三，以我国知识产权事业的发展为宗旨。通过优秀博士论文的评选以及资助出版工作，鼓励青年学人关注现实，关注新兴发展需要，以优秀思想成果推动我国知识产权事业向着更快更好的方向发展。

第四，以科学公正、注重创新、严格筛选、宁缺毋滥为原则。在知识产权优秀博士论文的评选过程中，知识产权法研究会组织评审专家，本着公开、公平、公正的原则，严格按照评审标准，对申报人员的博士论文进行遴选。

第五，以选题新颖、研究创新、逻辑严密、表达规范为标准。优秀博士论文的选题应当具有理论意义和现实意义，在研究内容上应当有所创新，材料应当翔实，推理应当严密，表达应当准确。

中国法学会知识产权法研究会与知识产权出版社开展的这一活动在总结和传播知识产权教育与学术成果、鼓励青年学人学习和研究的进步、推动知识产权事业发展等方面具有重要意义。在双方的共同组织与安排之下，论文评选甫经两届，新著即将面世。该项工作还将继续进行下去，每年评选出一批优秀博士论文，并且由知识产权出版社资助出版，以期作为知识产权思想传播的媒介、学术交流的窗口、对话互动的平台。新书迭见，英才辈出，学术之树长青。

是为序。

吴汉东

2010 年 5 月

本书序言

　　著作权制度在中国是一个舶来品。在过去的一百年里，从大清帝国，经中华民国，再到中华人民共和国，在各个不同时期著作权制度在我国的实施一直处于时断时续状态。这种状况对这一制度在我国本土扎根造成了严重的障碍。这在我国国民的著作权法律观念和法律意识方面表现得尤为突出。著作权集体管理机制作为著作权制度实施的一种保障，在我国现阶段真正了解其实质的人更是为数不多。无论是在作者方面，还是在出版者方面，不少人对于著作权集体管理的概念都不甚了解。这种状况应当是导致著作权集体管理机构在我国的运行状况不甚理想的深层原因。由于社会相关阶层人士对于著作权集体管理制度知之甚少，一些人甚至还存在诸多误解，这必然致使我国现行著作权法，尤其是有关集体管理的相关规范的制定不能真正满足著作权集体管理机制正常运行的需要。这种法律规范不尽完善的状态，应当是影响著作权集体管理机制在我国正常运行中的表层原因。

　　我国现阶段正式成立的著作权集体管理组织仅有五家。即使是最早成立的中国音乐著作权协会也不过十余年的历史。这个在中国成立最早的集体管理组织，其每年的收入仅数千万元人民币。较之西方国家的集体管理组织的收入水平，较之中国如此浩大的文化艺术市场，这点收入可谓九牛一毛。这从一个方面反映出，中国的著作权集体管理组织尚处于幼年期。前述人文环境和制度层面上的问题，无疑都对中国集体管理组织的发展、壮大构成了影响。而人文环境方面的问题显然不是短时间所能解决的。这种环境上的问题必然在一定程度上反映到制度层面。比如，在我国根据相关规定，集体管理组织属于社会团体；其行为必须遵守社会团体的有关规范。然而，著作权集体管理组织的最为基本的作用就是替著作权人主张权利，说得直白一点，就是替著作权人索费。这与我国现行制度中对非营利性社团的行为要求显然存在冲突。以非营利性社团的行为规范来限制集体管理组织的行为，显然不利于著作权集体管理组织开展工作，更会对其发展构成障碍。

从各国著作权集体管理组织的运营看，集体管理组织所管理的权利多为著作权中的小权利。这种权利如果由著作权人本人行使显然很不方便，故转托著作权集体管理组织来行使。这种集约化的行使方式在总体上本应当能够获得更高的效率和效益。然而，从我国现阶段的诸多案例却可看出，作者自行行使其权利往往可以获得更为丰厚的回报。这种现象直接映射出执法者与社会公众的法律观念或法律意识对于执法结果的影响。

前述现象表明，中国的集体管理组织与西方国家相比，在社会中尚处于弱势地位，需要有相关的政策或制度给予保障以促进其成长。但是，中国社会长期以来一直是一个由政府或官方主导的社会。在这样的国度里如何促进集体管理组织的成长，其答案与西方国家的路径可能完全不同。我国现在的五个著作权集体管理组织都是在政府的积极倡导下成立的。这些组织的成立对于完善我国的著作权法律制度无疑起到了积极作用。但如果政府对集体管理组织的控制作用超过了市场因素对集体管理组织的影响，这些集体管理组织的成长可能也会面临问题。导致这种情况出现的部分原因固然有政府揠苗助长的心态，但同时也由于政府希望集体管理组织能在相关行业中发挥一些自身无法起到的公共职能。比如，集体管理组织是否可以不再仅仅定位于著作权人组织而能发挥一些社会功能。但这种功能是在西方国家著作权集体管理组织已经发展到相当强大的时期后才被赋予的，在我国集体管理组织还远谈不上强大的今天，过多地赋予其社会功能势必直接影响其正常生长。这就如同要一个未成年人完成超过其生理年龄所能承受的工作，结果势必影响其正常发育。

　　另外，西方的集体管理组织从产生到发展主要是市场因素推动的结果。这与我国集体管理组织的情况有所不同。我国现阶段已经存在一些民间机构以民事代理的方式替诸多著作权人主张权利，在一定程度上挤占了著作权集体管理组织的市场。这些机构在法律上不属于集体管理组织，因此在替著作权人主张权利时不享有集体管理组织的权利，但其在市场竞争的表现中却让一些法定集体管理组织感到了恐惧。这从另一个方面说明了我国的一些法定集体管理组织在工作效率和质量方面还存在问题。从这种意义上讲，这些民间代理机构的存在，对于促进集体管理组织提高内部运营水平是有积极意义的。因此，政府没有必要动用公权力以一刀切的方式将这些营利性民间机构逐出市场。况且现行法律制度已经为这些机构留下了足够其生存的法律空间。事实上，只要按照市场规律办事，真正将著作权当作私权，将集体管理组织视为一种市场主体，中国的集体管理组织完全可以迅速成长起来，因为中国的文化市场是一片养分极为丰富的土地。

　　我国现行法律制度并非中国这片黄土地上自生的"苗木"，而是清末变法后从西方引入的成果。作为民事权利制度之一的著

5

作权制度以及其中的著作权集体管理制度均是源自西方的法律制度。这种现代法律制度与中国本土"诸法合一""民刑合体"的中国法系所包括的法律制度完全不同。因此就现行法律制度而言，中国是一个没有著作权法律传统的国家。我国现行的著作权制度完全依赖于西方现代法律制度的整体框架。在西方，这一制度是在其传统和文化基础上构筑起来的，因此法律规范本身并非法律制度的全部。我国的法律制度引进，从一开始就注重规范，而不注重规范背后的环境分析。"中学为体、西学为用"的思想在这一百多年的时间里一直左右着中国现代化的思路。反映到著作权法中，或者具体到著作权集体管理制度中，长期以来我们更加注重一些法律规范的引进，往往忽视这些法律规范背后的环境建设。就现行集体管理制度而言，西方国家延伸管理的做法在中国便是一个极为敏感的问题。在西方国家，这一做法是在集体管理组织的发展过程中逐渐形成的。但在我国的现行制度下，要想确立延伸管理或强制管理的做法，则只能通过修改著作权法的途径。而修法工作能否顺利展开则完全有赖于人们对这一问题的认识程度。

总体上讲，中国的集体管理组织由于受到诸多非市场因素的影响，致使其在幼年时期便开始承担一定的社会功能；但与此同时，一些有利于其发展，同时又有利于著作权人和有利于提高社会运转效率的做法，却又由于法律意识和法律观念的落后无法在立法中得以确立。这应当是我国著作权集体管理组织近期面临的最大尴尬。

罗向京博士的这本书运用历史分析和逻辑分析的方法，根据相关史料，勾勒出西方国家著作权集体管理组织，尤其是表演权组织产生和发展的脉络。其中反映出著作权人与出版者在市场利益分配上的博弈，反映了著作权人在作品使用谈判中从弱小无助，进而依靠组建集体管理组织逐渐壮大，拓展自己的权利范围，最终在某些领域变为强势，甚至在一些国家或地区由于其强势地位而遭受反垄断诉讼等状况。随着集体管理组织势力的拓展，一些西方国家的著作权集体管理组织为改变其垄断形象，在其商业模式等具体做法上开始调整。这种现象在进入数字化时代的今天表现得尤为明显。正如向京在书中指出的西方国家著作权集体管理组织在功能、作用方面已经发生一些带有方向性的变革，即集体管理组织不再仅仅是著作权人的组织。文中提出的观点对于我国著作权集体管理制度的完善和未来发展无疑具有积极的意义。但中国现阶段，集体管理制度尚未深入人心，集体管理组织还处于幼年时期，无所顾忌地让其承担社会功能无异于小马拉大车。文中所揭示的西方集体管理组织在数字时代所承担的社会功能无一例外都是发达国家的集体管理组织。我国作为发展中国家，尽管在技术层面上面临与发达国家同样的情况，但在考虑发挥集体管理组织社会功能的同时，必须同时顾及我国的集体管理组织的特殊发展时期，而不能简单地照搬发达国家的模式。

罗向京博士的这本书稿被评为优秀博士论文，在我看来是意料之中的事情，这是她多年积累和努力的结果。向京硕士研究生毕业后一直在高校任教师，后考入中国人民大学攻读博士学位，在校三年期间她刻苦研读了诸多学科的学术著作。在博士论文的撰写过程中，她发挥了其史学功底扎实的优势，运用历史学的研究方法对著作权集体管理组织的发展过程作了一番考证。在我国学术界鲜见从这一角度研究著作权集体管理制度的论文。尽管其论文的内容主要以西方国家为背景，但对于作为发展中国家的我国，无疑是一面镜子，或所谓"他山之石"。我们从中可以看到

我国制度中的问题和缺陷，进而可以帮助我们筹划适合我国集体
管理组织发展的路径。相信阅读了该书的读者都会有此同感。

我由衷地祝愿向京在今后的工作中一切顺利，并取得更大的
成绩。

郭　禾

2010 年 8 月 26 日

摘　要

　　本书从《安妮法》的制定过程谈起，认为这部法律虽然以授予作者权利作为限制出版商的垄断权利的工具，然而它也是作者阶层形成并在历史舞台上崭露头角的反映。借助文学产权大辩论的契机，英国、法国和德国的思想家发明了浪漫作者观念，在社会意识当中提升作者的地位。作者阶层也开始活跃在版权立法的现场，为争取自身的权利不懈努力。长期以来在作者—出版者关系中处于极端劣势的作者，开始缓慢但逐渐地在权利领域占据一席之地，为增强自身的谈判能力奔走呼号，并为近现代版权观念和版权制度的发展注入了自己的贡献。

　　但是作者作为个人仍然是弱者，在出版商以及其他作品利用者面前，多数作者的谈判能力微不足道。因此作者开始考虑组织集合起来，谋求改善作者的经济生活；英国和法国作者阶层中的优秀代表开始了种种尝试，然而都没有成功。法国剧作家为作者们争取到了表演权这项不同于复制权的新权利，并开创了表演权集体管理的模式，证明作者集体努力是可以获得成功的途径。表演权集体管理组织接着在法国、英国、德国、美国以及其他国家铺展开来；他们分享着相近的社会技术背景，然而在各自具体的历史情境中也有个性化设计，是历史必然性与偶然性的结合。

　　表演权组织的创立，是作为弱者的作者阶层的集体意向。如何在新的传播技术条件所造就的新市场中为作者争取到更多的收入份额，维护作者的权利，是表演权组织在接下来的广播时代要面临和解决的问题。表演权集体管理组织通过诉讼和游说，在国内和国际层面上，推进了著作权范围的扩展。表演的含义，从公共娱乐场所演奏，一路扩展到广播室播放音乐以及在公共场所接收广播中的音乐；公共领域的范围也在不断得到突破，从完全公开的娱乐场所，到半公开的工厂、社团中心、学校，最后涵盖了除家庭成员及私人以外的一切领域。在著作权的扩展过程中，表演权集体管理组织一直扮演着重要的角色，甚至可以断言，没有作者及其代表的集体努力，表演权乃至广播权的确立，都可以另当别论。

但是，表演权集体管理组织为争取和维护作者权利所做的努力以及产生的事实垄断的效果，也使得另外一种关系开始失衡，那就是作者—使用者关系。专业使用者尤其对表演权集体管理组织日益壮大的谈判能力和影响力感到不满，希望政府对集体管理组织的垄断能力进行限制。为此，各国政府在第二次世界大战后开始采取各种措施对集体管理组织的垄断性进行遏制，其中以英国和美国的做法为典型。英国通过表演权法庭对使用者与集体管理组织的纠纷进行裁断，防止著作权集体管理组织滥用垄断地位；英联邦的许多国家如澳大利亚和加拿大，也采取了类似的方式。美国则由司法部运用反垄断法对表演权组织进行审查与规制，其中以司法部与两大表演权集体管理组织签订的和解协议最为显著。

集体管理组织遭受反垄断调查和规制之后，为改变自身形象，开始对组织的功能进行调整。集体管理组织不约而同地在发挥原有的维护著作权人利益的功能之外，加强和强调自身的文化社会功能。然而新的功能与集体管理所代表的权利人的利益有冲突之处。在模拟复制时代创设的复制权集体管理组织，试图回避这种冲突，采取了更为中立的态度，在著作权人与使用者那里寻求更好的平衡。而大陆作者权法系，著作权集体管理组织已有的管理体系和技术平台被政府借用来发挥政府所应发挥的社会文化功能，为此作者权国家采用强制集体管理制度，提高著作权集体管理组织的管理能力和地位。

在数字网络环境下，著作权集体管理组织发生了更为复杂的变化。个别许可成为可能，版权中介中心的作用受到更多的重视，甚至版权自由市场的构想也已提出，这一切对传统集体管理组织的存在与发展构成挑战。然而，传统集体管理组织也可以借助数字权利管理技术，提高效率、降低成本，还可以推进延伸集体管理制度的应用，为使用者创造便捷、低廉、安全的使用环境。另外，数字多媒体也要求各种权利管理组织联合起来，整合资源和信息，进行统一化和标准化管理。

我国著作权集体管理组织和制度的发展，应当注意总结著作权集体管理组织的发展历程及其中的经验与逻辑。著作权集体管理组织的功能出现的中间化趋势，提醒我们不要把集体管理组织局限为权利人的组织；对我国著作权集体管理组织的布局以及著作权集体管理组织获得授权的方式，我们也要保持更加宽容的态度，以满足多样作品利用方式对多元权利管理模式的需求。

Abstract

It's believed that the Anne act of England granted copyright to the authors for the purpose of limiting the monopoly of the publishers. As this thesis discovered, however, the act had also reflected that the profession of authors had been in form and the authors had been playing their role in the history. When the Literary Argument took place in the middle age of 18th century, some great thinkers from England, France and Germany grasped the opportunity to create the romantic idea of authors, which meaned that the writer was the natural owner of his writing. This idea and expression had the direct influence on the social evaluation of the writers. And the long-standing relationship between authors and publishers, in which the authors had long been weak, had been slowly but gradually changed. The authors had struggled to occupy their appropriate places in right domain, improved their own negotiation power, and then contributed to the development of modern copyright.

But, as a single person, the author was still in weak and disadvantageous situation. So the authors began to take measures to collect their powers and abilities, seeking to better the economic situation of the authors. But some excellent authors who have earned themselves

D
O
C
T
O
R
中国优秀博士论文
法学

1

better lives and tried many ways to help other authors were all frustra-
ted. It was the French playwrights who brought the turn point. The play-
wright struggled to plead for the French authorities to create perform-
ance right, a new right different from copy-right. After being entitled
the new right, the playwrights created a unique system to exercising
the performance right, which later was called collective management of
performance right. That new model for exercising of rights had been
proved to be a great success and was resembled by foreign authors in
other countries. Those collective societies shared the similar background
of technology and social development, but still had their own charac-
ters and might be different in many aspects.

The establishment of the performance right societies was deter-
mined by the collective professional unity. And the societies soon
faced another difficulty to win a larger part in the new market created
by newly developed communication technology. In the broadcasting
era, the performance right societies promoted the extension of the
copyright scope by lawsuits and lobbies. For example, the meaning of
performance enlarged from performing in public entertainment places
to broadcast in a closed studio, and then reception in public was
viewed as a separate performance. The scope of public domain was al-
so extended, from full-open entertainment places to half-open ones
such as factory, school, local community center etc. until all the
places except the families and private circles. In the process of the ex-
tension of copyright, the performance right societies had been playing
so significant roles that it can be said that without the collective en-
deavor of the authors and their representatives, the performance right

and even the broadcasting right might not have been created and regulated.

However, the endeavor which the performance right societies gave to protect the rights of the authors also resulted in monopoly, which made the relationship between authors and users lose its balance. Professional exploiters especially felt discontent and upset with the gradually enhanced negotiation power and influence ability of the performance right societies, thus strongly lobbied the governments for limiting the monopoly situation of the societies. In order to cage the antitrust nature of the societies, the governments began to take many kinds of measures soon after the 2nd World War. The thesis concentrates on the experiences of England and America. In England the performing right tribunal was established to arbitrate the dispute between authors and users and to prevent the collective management organizations from abusing their monopoly power, while the department of justice of the U. S. A. scrutinized and ruled the activities of the collective management organizations with Sherman Antitrust Act. The most popular measures that taken by the department were the consent decrees, which were negotiated and agreed between the department and the CMOs.

The antitrust scrutiny and regulations from the government were so stern that they forced the CMOs to change their own images and to modulate the functions. They not only continuously played important roles in protecting the interests of the authors, but also emphasized in contributing the social and cultural benefit for the whole society. However, those new functions were in conflict with the benefits of the right owners who were represented by the CMOs. For the sake of avoiding the conflict, the newly established reprographic right organizations simulation era in 1960s adopted a more impartial attitude and sought to strike a better balance between authors and users. Meanwhile, the collective management systems were exploited by the governments in author-centric countries to exercise social-cultural functions. For this reason, the authorities in author-centric countries introduced mandatory collective management system, which in some degree enhanced the management power of the CMOs.

In digital-network environment, CMOs are facing far more complex challenges. With the aid of Digital Right Management System, not only individual exercise of copyright becomes possible and practical, but also the copyright intermediary centers are able to play more important roles. And even a free copyright market has been thought over and proposed to take the place of traditionally collective copyright management organizations. All these changes heavily challenged the existence and development of the traditional CMOs. Nevertheless, the traditional CMOs can also benefit from the DRMS. With the help of DRMS, they will improve the efficiency and reduce the cost, and create a more safe and legal environment for users. Furthermore, different organizations may use DRMS to establish and share joint databases and realize concentration, regionalization and globalization.

As to talk about the collective management organizations in China, the most important steps may be to learn from the history, experience and logic of other CMOs, especially to pay more attention to the neutral trend. We should not limit the CMOs to the organizations for the authors, but keep wide mind in the arrangement of the CMOs number, and also allow the owners to authorize their rights to the CMOs by any ways they like. Only by doing so, can we satisfy the various needs for versatile right management systems. 3

目　录

DOCTOR

中国优秀博士论文

法学

DOCTOR
中国优秀博士论文
法学

第五章　著作权集体管理组织的功能变异

第六章　数字时代：多元权利管理模式的竞争与整合

第七章　借鉴与反思：我国著作权集体管理组织发展的方向

导 言

追寻著作权集体管理组织的历史与逻辑

第一节　著作权集体管理组织及其研究意义

著作权集体管理组织主要指的是接受权利人授权来控制作品的使用、与潜在的使用者谈判、以合适的价格和条件发放许可、收取使用费以及最终将收来的使用费分配给权利人的组织。这是著作权集体管理组织最为基本的内涵，然而其外延一直在扩展。这个扩展有两个方向，一个方向更加强调集体性，另一个方向则重视集中性。所谓集体性体现在：集体组织尊重并维护作者权利，坚持作者确定的共同目标，其组织架构能够聚拢作者联合的努力，其章程和规范表达了职业统一和独立的精神诉求，并且提供充分的制度，保证实现作者经济利益并保护作者精神权利的目标得以完成；❶ 这种集体管理组织也常被称作"作者权组织"。与集体性组织相比，集中性组织不强调"人合"要素，不关注作者，而在意权利的集中管理和许可，除了管理权利、分发许可以及分配使用费外，并不关心其他的目标；它与集体性管理组织的联系之处，是它也提供单一的许可来源，为权利人和使用者显著降低交易成本；这种组织常称作"权利中心"。最早诞生的那一批集体管理组织都有着鲜明的集体性特点，创造出集体管理组织真正的"集体性"因素，这些组织主要是音乐作品表演权集体协会，本书有时称之为传统集体管理组织。20 世纪 50 年代以后，

---

❶　Mihaly Ficsor, *Collective Management of Copyright and Related Rights*, WIPO Publication No. 855（E），2002, p. 20.

复制权以及其他领域的集体管理组织应运而生，其中许多组织采取了不那么强调集体性的管理模式，把自己的目标定位成为权利人与使用者的中介平台。在数字网络时代，这种集中而非集体的趋势更加明显。传统集体管理组织也在改变固守一方的模式，更加注意使用者的需求和反应。因此，有人认为，再把这些管理权利的组织称为"集体管理组织"已经不能涵盖所有的权利管理模式，不如改称"联合管理"或"联合行使"（Joint Management or Joint Exercise），❶ 以便全面恰当地包含已有权利管理模式，也为未来新模式的创立留下空间。

　　本书为方便讨论，没有刻意区别集体管理的上述各种含义，仍用"集体管理"指称各种把著作权集中起来进行管理和许可的组织。这是因为，这些组织虽然在组织架构、制度、目标上有所差异，然而就集中管理、集中许可这一点上是共通的，它们都典型地运用由传统集体管理组织创设的一揽子许可方式，虽然可能在此之外它们各有其他的创新。传统集体管理组织与后起的集中权利中心之间，也存在密切的因承借鉴关系，后者在前者开创的领地里吸取经验与养分，并且在此基础上改良和革新。因此，本文虽然在一些地方必须论及各种集体管理方式自身的特色，但从整体思路和策略上，是把它们看做一个整体中的组成部分，以此探讨著作权集体管理组织整体在发展过程中展现的经验与逻辑、因承与变异。另外，无论在哪种集体管理模式当中，都存在管理和许可两个方面。集体管理组织所开展的活动，对使用者而言是

---

　　❶　Prof. Daniel Gervais, the Changing Role of Copyright Collectives, in: Daniel Gervais（ed.）, *Collective Management of Copyright and Related Rights*, Kluwer Law International, 2006, p. 18.

权利的许可；对权利人而言对应的则是权利的管理。管理和许可，是集体管理组织的两个核心任务，也是一个问题的两个方面。人们常常根据不同的语境选择使用"许可"或"管理"来指称集体管理组织的活动。本书也根据行文需要，变换使用这两个词。

著作权集体管理组织的作用，从直观看是"受人之托，为人取财"；然而从更深的程度看，其可以发挥的功能与意义，却远非这个断言可以涵盖。从著作权人的角度看，通过把权利集中到著作权集体管理组织，著作权人不仅可以通过集体的努力提高谈判地位和能力，向使用者争取更好的回报；还可以通过集中管理和许可，节约个别许可所需要的高额交易费用；监控作品被使用的情况以及防止盗版，也可以通过集体管理的系统比较容易地达到；在传统集体管理组织争取作者权利的活动中，作者不仅在经济上受惠，在精神权利和社会地位上也有所提升。对使用者而言，在尊重版权是必须遵守的义务时，履行这个义务的成本不可过高。著作权集体许可，正是降低使用者义务成本非常好的途径。在集体组织所提供的各种服务中，使用者同样可以大大节省与权利人单独交易可能需要的成本，使用时的安全也得到保证，不用担心会受到权利人个人的诉讼和非难。在那些作品数量众多，使用者也难计其数的场合，集体管理制度为作者获得回报、使用者便捷接触作品提供了目前为止惟一有效的途径。另外，从社会文化的角度看，著作权集体管理组织以及著作权集体管理制度也在扮演不可小觑的角色。这个制度保证作者以及其他权利人的权利能够化为现实，为创作者进行新的创作提供必要的条件和刺激，进而丰富社会文化产品，社会公众获得和接触文化产品的机会也在增加，最终有利于社会整体文化水平的提升和上扬。集体管理组织和制度具有的这些功能和意义，并非一蹴而就，而是在长期的实践中选择、检验、积累、沉淀的结果。因此，追寻著作权集体管理组织的历史经验与理论逻辑，对于我们理解、运用集体管理制度，来实现我们欲达到的目标，将颇有助益。

最后，从著作权制度的实现和发展来看，著作权集体管理组织的活动也有其意义。我们可以从著作权的行使与实现的角度来审查和分析著作权制度面临的主要问题。一项权利之存在，不仅要经由权威机构的设定，落实到权利人手中由其支配，还要追及权利人实现权利的方式和途径；权利通过行使、实现而具有完整的意义。著作权的行使方式，受到著作权内容及基本制度的深刻制约，但其自身也影响着人们对待权利的态度，进而深刻影响著作权的发展。其中情状，正如康德所说：叶无疑是树的产物，但是反过来，叶也维持树。以往人们对著作权的研究，主要侧重从此项权利的产生、内涵、系统、分配等方面来进行，而较少从权利的行使角度来分析。从著作权集体管理组织的发展历程这个切片透视著作权范围的扩展、著作权诸权利的非体系化、著作权受到的限制等问题，一定会有新的理解和发现。

第二节　著作权集体管理研究的现状与问题

我国的著作权集体管理制度，开始既晚，积淀更少。这项制度在我国生根发芽之时，就面临着著作权的扩展与限制、著作权的传统面目与现代变化等方面的矛盾冲突，因此该制度在其后的发展中常常陷于困惑迷茫之中。这种困惑，在实践中更多地表现为具体而微的问题，例如，集体管理组织获得授权的方式、集体管理组织设立的条件与方式、集体管理组织的业务范围、监管制度、集体许可费的制定与公布等。这些具体的困惑，部分是因为现实环境的掣肘，也有很大的部分是理论缺失造成的。著作权集体管理制度本身是产生于实践需要，又服务于实践需要的，这一点无须过多理论上的思考。但是，集体管理这项制度，所针对的是著作权的行使，我们就不能不认真思考著作权基本制度对它的意义以及它对著作权制度的影响。

我国有关著作权集体管理的理论研究，相对比较贫弱。对著作权集体管理问题的关注和研究，始自 1992 年中国音乐著作权协会的建立；1995 年一个关于著作权集体管理的国际研讨会在上海召开，之后开始形成一个关注著作权集体管理的小高潮。《著作权》（现更名为《中国版权》）作为著作权研究的主要阵地，经常登载介绍外国著作权集体管理机构及其管理经验的文章，如《1995 年德国著作权集体管理协会简况》（高思，1997 年第 2 期）《德国美术作品集体管理简介》《日本著作权史上的"普拉格旋风"》（王福珍，2007 年第 4 期），也有一些文章开始探讨司法实践中遇到的问题。2005 年《著作权集体管理条例》颁布前后，关注和研究著作权集体管理的热情再度高涨，相关的话题和文章频频见于学术期刊。这一时期研究的重点，一是分析著作权集体管理制度在各个领域的适用（或可能适用）的情况及问题，如网络环境下的著作权集体管理问题、科技期刊著作权集体管理问题、数字图书馆与集体管理等；二是对著作权集体管理的基本制度进行剖析和建议，如著作权集体管理组织获得授权的性质、对著作权集体管理组织的监管、著作权集体管理组织的设立条件等，也有对著作权集体管理制度合理性的考察以及对集体管理未来发展趋势的探讨。

2005 年以来研究著作权集体管理制度的重点，也体现了当前研究的特点：一是铺展著作权集体管理制度的适用范围。这里实际上没有对集体管理制度进行研究和分析，而预设《著作权集体管理条例》设定的各项制度具有合理性及可行性，在此基础上套用法定的模式于各个可能的领域。二是分解著作权集体管理制度的各个部分，进行各自为政的、分散的分析和研究。这些研究，主要从法律文本出发，对法律规定进行评介；或主要局限在著作权集体管理制度本身，未将集体管理制度放在一个更大的情境中进行稍远距离的考察。虽然近年来学界对著作权集体管理制度的研究热情在增长，然而多数研究还是停留在当下，缺乏对集体管理制度历史经验和理论逻辑的认识和提炼，因此多少显得有些浅显、漂浮、空洞，甚至有口号化、表面化的趋势。

国外对著作权集体管理制度的研究，可以按研究内容分为三个方面：一是对法律文本的分析，比如对《德国著作权与邻接权事务法》《加拿大版权法》和《芬兰版权法》中相关问题的研究，在美国，对涉及著作权集体管理组织的判例的研究，在此也视做对文本的分析；二是对著作权集体管理制度在实践中遇到的问题的研究，比如集体管理组织垄断问题、延伸集体管理问题、因网络化遭遇到的挑战、数字文件共享与集体管理等，以及更为细致的、诸如许可费以及一揽子许可合同这样的问题；这是国外关注著作权集体管理制度的主要切入点；三是对著作权集体管理制度与著作权、人权、国际规则的相关关系的研究，侧重研究著作权集体管理组织和制度的社会文化功能和意义，这主要是欧洲大陆作者权体系国家的关切点。就集体管理组织的发展历程来看，现有的研究侧重从组织的内部发展来看某个具体的集体管理组织的进程；把各种集体管理组织作为一个整体，研究其在各个阶段的重点变化，并探求其中的因承关系的，还不多见。

第三节　本书所采用的研究方法

　　本书采用的研究方法主要是逻辑与历史相统一这一辩证思维方法。具体而言之，就是力图在史论结合的基础上进行理论建构，而不是单纯的历史叙述或者逻辑推演；通过对历史的反思和对相关理论的综合形成马克思所说的那种看似"先验的结构"，并用典型史料加以说明和论证。马克思说："研究必须充分地占有材料，分析它的各种发展形势，探寻这些形式的内在联系。只有这项工作完成以后，现实的运动才能适当地叙述出来。这一点一旦做到，材料的生命一旦观念地反映出来，呈现在我们眼前的就好像是一个先验的结构了。"❶

　　具体的历史过程中，包含着非常丰富的实际内容，充满着各种曲折和重要的历史变化。如果没有在总结历史经验的基础上形成一种"先验的结构"，就难以驾驭纷繁复杂的历史材料、分清主次、进行取舍，进而把握和展示它们的内在脉搏和变化趋势。同时，"先验结构"只是一个逻辑之网，是我们把握事实和表达认识的一种人为结构，而不是事物本身的内在结构。因此，不能将任何"先验结构"绝对化。理论的思考和逻辑建构只有时时以

---

❶　《马克思恩格斯选集》（第2卷），人民出版社1995年版，第111页。

历史为基础，并不断受到历史的修正，才能获得深刻的解释效果和洞察能力。

第四节　本书的主要研究内容

本书第一章从《安妮法》的制定过程谈起，认为这部法律虽然以授予作者权利作为限制出版商的垄断权利的工具，然而它也是作者阶层形成并在历史舞台上崭露头角的反映。借助文学产权大辩论的契机，英国、法国和德国的思想家发明了浪漫作者观念，在社会意识当中提升作者的地位。作者阶层也开始活跃在版权立法的现场，为争取自身的权利不懈努力。长期以来在作者—出版者关系中处于极端劣势的作者，开始缓慢但逐渐地在权利领域占据一席之地，为增强自身的谈判能力奔走呼号，并为近现代版权观念和版权制度的发展注入自己的贡献。

但是作者作为个人仍然是弱者，在出版商以及其他作品利用者面前，多数作者的谈判能力微不足道。因此作者开始考虑组织、集合起来，谋求改善作者的经济生活；英国和法国作者阶层中的优秀代表开始了种种尝试，然而都没有成功。法国剧作家为作者们争取到了表演权这项不同于复制权的新权利，并开创了表演权集体管理的模式，证明作者集体努力可以获得成功的途径。因此本书第二章接着关注表演权集体管理组织在法国、英国、德国的铺设，并且侧重研究和分析表演权集体管理组织在各国确立时的社会经济历史背景，尝试从中找到表演权集体管理组织诞生的历史必然性，以及在各个具体历史情境中的个性化设计。

第三章把重点放在表演权集体管理组织为扩展著作权所作的努力上。表演权组织的创立，是作为弱者的作者阶层的集体意向。如何在新的传播技术条件所造就的新市场中为作者争取到更多的收入份额，维护作者的权利，是表演权组织在接下来的广播时代要面临和解决的问题。表演权集体管理组织通过诉讼和游说，在国内和国际层面上，推进著作权范围的扩展。表演的含义，从公共娱乐场所演奏，一路扩展到广播室播放音乐以及在公共场所接收广播中的音乐；公共领域的范围，也在不断得到突破，从完全公开的娱乐场所，到半公开的工厂、社团中心、学校，最后涵盖了除家庭成员及私人以外的一切领域。在著作权扩展的过程中，表演权集体管理组织一直扮演着重要的角色。甚至可以断言，没有作者及其代表的集体努力，表演权乃至广播权的确立，都可以另当别论。

但是，表演权集体管理组织为争取和维护作者权利所作的努力以及产生的事实垄断的效果，也使得另外一种关系开始失衡，那就是作者—使用者关系。专业使用者尤其对表演权集体管理组织日益壮大的谈判能力和影响力感到不满，希望政府对集体管理组织的垄断能力进行限制。为此，各国政府在第二次世界大战后开始采取各种措施对集体管理组织的垄断性进行遏制。其中以英国和美国的做法为典型。英国通过表演权法庭对使用者与集体管理组织的纠纷进行裁断，防止著作权集体管理组织滥用垄断地位；英联邦的许多国家如澳大利亚和加拿大，也采取了类似的方式。美国则由司法部运用反垄断法对表演权组织进行审查与规制，其中以司法部与两大表演权集体管理组织签订的和解协议最为显著。这是第四章的主要内容。

第五章把关注的重心放在集体管理组织遭受反垄断调查和规

制之后，为改变自身形象与功能所作的调整。集体管理组织不约而同地在发挥原有的维护著作权人利益的功能之外，加强和强调自身的文化社会功能。然而新的功能与集体管理所代表的权利人的利益有冲突之处。在模拟复制时代创设的复制权集体管理组织，试图回避这种冲突，采取了更为中立的态度，在著作权人与使用者那里寻求更好的平衡。而在大陆作者权法系，著作权集体管理组织已有的管理体系和技术平台，被政府借用来发挥政府所应发挥的社会文化功能，为此作者权国家采用强制集体管理制度，提高著作权集体管理组织的管理能力和地位。总之，著作权集体管理组织的功能发生了变化。

第六章分析著作权集体管理组织在数字网络环境下发生和应该发生的变化。个别许可成为可能，版权中介中心的作用受到更多的重视，甚至，版权自由市场的构想也已提出，这一切都对传统集体管理组织的存在与发展构成挑战。然而，传统集体管理组织也可以借助数字权利管理技术，提高效率、降低成本，还可以推进延伸集体管理制度的应用，为使用者创造便捷、低廉、安全的使用环境。另外，数字多媒体也要求各种权利管理组织联合起来，整合资源和信息，进行统一化和标准化管理。

最后，本书在总结了著作权集体管理组织的发展历程及其中的经验与逻辑后，对我国著作权集体管理组织和制度的发展提出了建议：著作权集体管理组织的功能出现了中间化趋势，我们看待著作权集体管理组织也不应当把它局限为权利人的组织；对我国著作权集体管理组织的布局以及著作权集体管理组织获得授权的方式，要保持更加宽容的态度，以满足多样作品利用方式对多元权利管理模式的需求。

第一章

作者的崛起

版权最初作为出版之权，是在伦敦的行业协会——书商公会的贸易实践中发展起来的。这个控制出版之权，在与英国王室审查书籍控制言论的需要和功能交织之后，达到了其发展的顶点。然而，作为特权和垄断，它注定要在近代国家的形成和发展过程中遭到冷遇。伦敦书商对书籍印制出版的垄断，在 18 世纪初以后逐渐受到限制。与此相对应的是，长期以来在作者—出版者关系中处于极端劣势的作者，开始缓慢但逐渐地在权利领域占据一席之地，为增强自身的谈判能力奔走呼号，并为近现代版权观念和版权制度的发展注入自己的贡献。

第一节 出版者的权利：垄断与限制

一、出版者之权

从历史上看，copyright 并非作者之权。它最初是在伦敦书商公会（the Stationery's Company）内部建立起来的排他权利，目的在于保证书商公会的会员能够独家印制登记在书商公会的书籍，从而免于受到非会员的竞争。书商公会的 copyright 是在一系列商业实践中形成的结构方式，并不是对作者创造性的认可性表达，在当时的环境中，这种权利就是出版的权利。❶

书商公会能够垄断印制出版行业，其中一个很重要的原因在

---

❶ David Saunders, *Authorship and Copyright*, Routledge, 1992, pp. 47 ~ 50.

于英国王室需要借助书商公会进行书籍审查。从1557年玛丽女王授权建立书商公会开始，王室对书籍的审查控制渐趋严厉，书商公会对书籍印制行业的垄断特权也有增无减。书商公会获得的特权，被规定在王室在不同时期发布的法令当中，内容包括："任何材料的印刷都必须依法得到许可并申请书商公会登记在册"，"未经书商公会的行主、执行官或理事和某一图书版本的所有者同意，不得印刷出版属于他人的版本"，"违反法令的作者和出版商都要受到各种罚款"，等等❶。这些也正是书商公会所设计之"copyright"的主要内容。这不仅是一种可以买卖、遗赠、共有、抵押的权利，最重要的是，这种权利是永久的。这种"出版权"通常由某一出版商终身享有，该出版商死后，则由书商公会再在会员间分配，到后期版权也常由出版商的后代世代相承。❷这种"书商公会的私家事务与政府的公共事务搅和在一起，版权保护和出版控制联系在一处"❸的局面，一直持续到1695年。是年，制定于1662年的《许可法》未能像之前各次一样在议会获得续期，其法律效力宣告终止。

二、文学产权

长期以来所形成的对书籍贸易的控制，眼看就要丧失，伦敦书商不甘于此，发起了各种游说活动，试图恢复他们的垄断权。

---

❶　Lyman Ray Patterson, *Copyright in Historical Perspective*, Vanderbilt University Press, Nashville：1968, pp. 121 ~ 142.

❷　如莎士比亚死后，其著作的出版权被伦敦的出版世家 Tonson 家族垄断长达93年，直至1712年被拍卖。参见 David Saunders, pp. 40 ~ 45.

❸　David Saunders, p. 50.

由于王室对书籍的审查控制已经减弱和淡化，书商们不再谋求"官商合谋"，转而求助于"财产权"概念。比如，在 1707 年的一份请愿书中，他们强调在图书的创作、印刷和销售过程中付出了大量的时间和劳动，那些盗版者严重侵犯了他们的财产权❶。他们的游说打动了议会，最终 1710 年《安妮法》获得通过。《安妮法》把书商公会设计的版权固定在法律中，同时开放了版权所有人的范围，作者、书商以及其他买受人都可以是版权人，其中作者还拥有续延版权期限的能力。

但是，《安妮法》并没有像以前的王室法令一样，成为出版商控制版权的工具："相比他们曾经拥有的控制权，它向出版商们提供的只是一个受到相当多限制的控制权形式。特别是，在 1710 年《安妮女王法》中得到承认的印刷和重印图书的权利只能持续一段有限的时间。"❷ 根据《安妮法》的规定，如果图书是该法颁布之后出版的，其保护期为 14 年；如果在该期限结束时，作者尚生存于世的，再加 14 年；该法颁布之前出版的"旧图书"的保护期是 21 年。

对出版商来说，这意味着他们对以往给他们带来巨大利润的书籍的控制权，到 18 世纪 30 年代就要被宣告失效。为了继续控制出版，书商们在 1735 年发起一项动议，要求议会延长该项保护的时间，但遭到了拒绝。由于这项有时间限制的版权是由《安妮法》授予的，基于英国"普通法上的权利优于制定法上的权

---

❶ 黄海峰：《知识产权的表达与实践：版权、专利和商标的历史考察》，中国人民大学博士学位论文，2006 年版，第 28 页。

❷ ［澳］布拉德·谢尔曼、［英］莱昂内尔·本特利：《现代知识产权法的演进》，金海军译，北京大学出版社，2006 年版，第 12 页。

利"的原则，书商们改变策略，极力论证文学财产在普通法上的永久性，由此引发了世界版权历史上著名的"文学财产大辩论"。❶ 书商们的努力一度获得成功，他们向衡平法院请求的禁止其他书商印制书籍的禁令，往往能得到支持。❷ 在 1769 年 Millar v. Taylor 一案中，书商们已经胜利在望：

> 1729 年，Andrew Millar 购买了对汤普森作品《四季》的权利。Robert Taylor 在 1763 年出版了该作品，Millar 因此起诉要求法律救济。考虑到在那时，《四季》的制定法权利至少在 1757 年就已经过期了，Millar 如果想要在诉讼中获胜，他就必须证明自己享有该作品上的普通法权利。因此，该案的主题就变成：作者或其受让人在其文学作品发表后是否在普通法上仍然保留了一个永久性财产权以及《安妮女王法》的本质特征及其对该普通法权利的影响。在经过一番广泛的争论之后，王座法院以 3 比 1 的多数作出了支持普通法财产的判决。❸

三、永久文学产权策略的失败

然而，这个判例中确立的永久性文学产权原则，在 5 年之后的另一个与《四季》这部作品有关的判例中被推翻。Millar 去世后，《四季》的权利流转到了 Becket 那里。这次是 Donaldson 出版了《四季》的复制件，被 Becket 起诉至衡平法院；法院依据

---

❶❸ ［澳］布拉德·谢尔曼、［英］莱昂内尔·本特利：《现代知识产权法的演进》，金海军译，北京大学出版社 2006 年版，第 11～49 页。

❷ David Saunders, pp. 59～63.

Millar v. Taylor一案的判决，授予一项禁令，禁止 Donaldson 复制此书。Donaldson 向上议院提出上诉。上议院多数议员支持了 Donaldson，反对普通法上的永久性文学产权。这个判决确认版权是由《安妮法》创制的制定法上的权利，作品一经出版便获得《安妮法》授予的版权，普通法上的权利即告消灭。❶

从 1557 年伦敦书商公会成立之时起，出版商们垄断书籍贸易长达一个半世纪。《安妮法》是他们恢复书籍垄断特权的一个尝试，并获得了部分的成功。但他们不满足于此，致力于恢复永久性垄断。英国普通法的确承认作者对其手稿拥有永久的权利——他可以任意处置这份财产。这一点被书商利用，发展成作者以及作者的受让人对其作品拥有永久的权利，这引起很多争议和诉讼，书商们也有几次如愿以偿。Donaldson v. Becket 标志着伦敦书商垄断主义策略的失败❷，也标志着知识产权法历史上一段最为重要的时期的终结。❸

在出版者—作者的历史关系中，作者处于劣势的时间已有些太长了。印刷与出版行业的兴起，把作者从赞助人的控制下解放出来，然而，作者紧接着进入了一个新的由出版商控制的体系。赞助人常常控制作者的表达，要求作者依据赞助人的喜好写作；出版商则控制了作者表达的传播渠道，书籍印制、发行和销售的严密体系，把作者排除在外。作者要发行和传播作品，惟一的途径是将作品卖断给出版商，并从此失去与自己作品的一切经济联

---

❶ Ronan Deazley, Re-reading Donaldson in the Twenty-first Century and Why it Matters, [2003], E. I. P. R., p. 271.

❷ David Saunders, p. 57.

❸ 《现代知识产权法的演进》，第16页。

系。出版商却可以永久地利用作品，直到被市场逐出。上述两个案例中的《四季》即是这样一部由出版商控制的作品。而《四季》的遭遇决不是孤案：弥尔顿只从其名著《失乐园》获得了 5 英镑的收入，出版商却把持了该书的印制权达数十年之久；莎士比亚所有著作的版权，在他死后由伦敦的出版世家汤森家族（Tonson）把持了一个多世纪。❶

现在，出版商的垄断特权被宣告终结，在作者—出版者关系的两极中远离中心的那一端，也许可以稍稍向中心靠近一些。

第二节　作者之权：消极权利与积极行动

一、《安妮法》中的作者

在版权历史中，作者这一概念/形象是通过 1710 年《安妮法》进入我们的视野的。《安妮法》是在伦敦书商公会的版权实践中发展起来的，借用了伦敦书商公会的许多制度，其初衷和目的都（至少是部分地）是为了重申出版者对印制和发行图书的权利。然而，它也第一次让作者得以分享此权。《安妮法》的全称为"在规定时间内将已印刷图书之复制件授予作者或该复制件购买者以励治学之法"，其中就已揭示出保护作者是该法案的目的之一。《安妮法》第 1 条更加明确地指出："鉴于近今印刷商、书贾及他人每擅行印刷、重印、发行或使人印刷、重印、发行书籍

---

❶　David Saunders，pp. 41～42.

及他种著述，而未获该书籍及著述之作者或所有人之应允，于其殊有损害，且迨至本人破产及其家境败落，爰为防止将来此等行径复施，暨为鼓励学人撰著及写作有益书籍起见……颁令如次……"❶ 在版权法中如此全面地对作者的权利予以规定，《安妮法》是第一次，实可谓具有革命性的意义❷

　　《安妮法》授予作者版权，一方面是书商策略的一部分：由于出版商的垄断特权已经不得人心，由作者来控制书籍的印制出版，在舆论上容易被接受；另一方面也有立法者限制出版商的用意。因此，有论者得出结论，认为《安妮法》并非保护作者之法，而是贸易规制法。❸ 这个论断不能不说是对历史的正确照应。18 世纪是作为个人的作者诞生的时代，但是，作为一个阶层，则还要历经一个世纪的发展与磨炼。❹ 因此，1710 年《安妮法》授予作者版权，的确并非作者自身努力的结果。作者虽极度关注立法的进程，却在这部法律的诞生中无能为力。❺

---

　　❶ 参见《安娜法》（中译本），刘波林译，载刘春田主编：《中国知识产权评论》，商务印书馆 2006 年版，第 539 页。另可参考该法英文原文 the Statute of Anne，http：//en. wikisource. org/wiki/Statute_ of_ Anne，last visited：12/20/2008。另外，需要说明的是，对于 "the Statute of Anne"，国内有多种翻译，比如 "安妮法"、"安娜法" 以及 "安氏法" 等。

　　❷ 刘春田主编：《知识产权法》，高等教育出版社 2007 年版，第 39 页。

　　❸ Lyman Ray Patterson，*Copyright in Historical Perspective*，1968，pp. 143 ~ 147.

　　❹ Catherine Seville，*Literary Copyright Reform in Early Victorian England*，Cambridge University Press，1999，pp. 216.

　　❺ John Feather，*Publishing*，*Piracy and Politics*，London：Mansell Publishing Limited，1994，pp. 59 ~ 60.

《安妮法》的确是由出版商发动而设计的，但其反映了当时社会现实，是毋庸置疑的。作者职业已经形成，作为阶层也正在成型之中，这是文化领域及市场结构中无法忽视的现实，作者必会在法律中有自己的位置。Feather 曾总结道："书商在利用王室的书籍审查特权发展自身商业利益的过程中，强化了版本惟一与印刷专有的观念。这种观念接着也逐渐使人意识到，每一版本都具有自己的创作者，这些创作者也应该在他们所创造的权利中有所分享。"❶ 从这点来看，《安妮法》规定对作者予以一定期限的版权保护，也是历史的必然。有人说："出版者对'作者'的成功召唤，伴随着浪漫作者观念的兴起，把未来版权法争论的焦点，集中在作者而不是出版者上。"❷ 作者成为版权法的焦点，可能不完全是作者的努力，❸ 但的确与作者的努力紧密相关。出版者不可能单方面慷慨馈赠作者以版权，作者亦不会甘于充当傀儡任由他人操纵。

书商公会开始设计版权这个概念时，作者还主要依赖赞助人

---

❶ John Feather, From Rights in Copies to Copyright: the Recognition of Authors' Rights in English Law and Practice in the Sixteen and Seventeenth Centuries, *Cardozo Arts & Entertainment*, Vol. 10: 455～473 (1992), p. 472.

❷ Maureen A. O'Rourke, A Brief History of Author-Publishing Relations and the Outlook for the 21st Century, *Journal of the Copyright Society of the USA*, Vol. 50 (2003), p. 428.

❸ 黄海峰博士在其博士论文中分析了近现代版权发展和版权立法过程后得出结论，认为作者成为版权法的中心，是商人处心积虑的结果；版权法从表达上看是为作者设计的，从实践（立法的过程及实际的后果）来看，维护的全是商人的贸易利益。简而言之，版权法中作者只是商人表达自身利益的工具。黄海峰：《知识产权的表达与实践：版权、专利和商标的历史考察》，中国人民大学博士学位论文，2006 年。

求生存。但书商公会也逐渐注意到作者，往往通过合同一次性买断作者的作品；也允许或需要作者在再版时修改作品；有时公会内部会员之间也有竞争，这就给了作者谈判的机会。至少到17世纪90年代，即使没有赞助人的作者，也能靠写作谋生，虽然有许多人的生存状况常不稳定。❶ 作者的权利开始被朦朦胧胧地意识到，有一些作者开始为争取作者的权利而努力。后来以《鲁滨逊漂流记》闻名于世的笛福（Defoe），此时在英国的第一份日报上撰写文章，要求作者和出版者、印刷者一样能在已印刷的出版物上署名，并应该被授予追溯盗版的权利。❷

二、最初的作者组织及其活动

作者们也开始组织起来，寻求集体的力量和共同的目标。最早为人所知的作者组织是"激励学识协会"（the Society for the Encouragement of Learning）。该协会成立于1735年，目的是把图书利润中作者应得的那部分分配给作者。从名字来看，这个协会显然受到了1710年《安妮法》的影响。协会的管理委员会成员包括贵族和高等级的学者，也包括职业作者的代表。它看起来是个纯粹的慈善组织，因为它自己组织出版并把所有的利润都给了作者。虽然这个目标最后没有继续下去，但它显然给商业书籍贸易行业敲了警钟。❸

---

❶ Maureen A. O'Rourke, A Brief History of Author-Publishing Relations and the Outlook for the 21st Century, *Journal of the Copyright Society of the USA*, Vol. 50, 2003, pp. 425~474, p. 430.

❷ David Saunders, pp. 51~52.

❸ Catherine Seville, *Literary Copyright Reform in Early Victorian England*, Cambridge University Press, 1999, pp. 149~150.

1735 年也许是英国版权史上又一个惹人注意的时间。这一年，另一个领域的作者——雕工（艺术家），向平民院请愿，要求平民院像保护书籍作者一样保护他们的雕刻，结果是《雕工法》（Engraver's Act）得到颁布。❶ 同年，书商提出的一项禁止进口和秘密出版图书的法案，没有得到通过。此后，文学财产大辩论以前所未有的深度和广度展开，并在 1774 年 Donaldson 案后落下帷幕。文学财产大辩论的结局对出版商和作者都是不利的，因为无论是出版者还是作者都不对作品或书籍享有普通法上的永久产权。但是，文学财产大辩论的过程，对提高作者的地位以及强化保护作品的正当性却有着无法忽略的积极影响。正是在这个过程中，浪漫作者观念开始广为传播：

> 在文学财产争论中被突出强调的其中一个重要特征，是个人在创造无体财产时所发挥的作用。事实上，有关 18 世纪知识产权法的最常见的主张之一就是，在此期间，个人开始被看作创作的来源或起源。更具体而言，人们通常就指出，作者在法律上开始被看作文学文本的创作者，而非一个单纯的对传统的复制者。……在此之前，作者的思维被看作是对外部世界的一个反射体，而由此所获得的作品本身则可以被比做一幅经过选择和整理的生活映像的镜子。……接受一个个人主义的创作模式，就是一个把创作源泉从上帝或者

---

❶ ［澳］布拉德·谢尔曼、［英］莱昂内尔·本特利，《现代知识产权法的演进》，金海军译，北京大学出版社 2006 年版，第 18 页。

自然那里转向个人的运动……❶

第三节　浪漫作者观念

一、浪漫主义文学思想与作者权利观念的兴起

个人作为创作者成为法律的主体，这不是历史的偶然，而是有着深厚的社会、政治及历史、文化的渊源和背景。"人"在文艺复兴中复苏之后，就已经逐渐成为历史和文学叙事的中心和主体。不过，在文艺复兴的使命结束之后，伴随着资本主义技术与经济的发展及社会结构的变动，整个社会更加复杂。曾经支配文艺复兴的那种生气勃勃的乐观主义，也逐渐被一种奇特的矛盾心理所代替。灵与肉的冲突，现实与幻想的模糊，存在与虚无的交织……这种复杂的思想状态中萌生出的追求严谨、整饬，压制个人欲望、赞美服从原则的"新古典主义"思想，一度占领了整个欧洲。这种思想在文学中的典型反映就是 17、18 世纪欧洲文学思想领域盛行的"唯理主义"，并以"拟古""模仿"的风格为著。❷

---

❶　［澳］布拉德·谢尔曼、［英］莱昂内尔·本特利，《现代知识产权法的演进》，金海军译，北京大学出版社，2006 年，第 41 页。

❷　［英］玛里琳·巴特勒，《浪漫派、叛逆者及反动派——1760~1830 年间的英国文学及其背景》，黄梅、陆建德译，辽宁教育出版社、牛津大学出版社 2006 年版，第 25~40 页。

　　浪漫主义源于对 18 世纪唯理主义的造反，通常是指法国大革命爆发至英国国会第一次改革法案之间大约半个世纪的时间。然而，从文学思想的发展孕育过程来说，这个时间甚至还可以向前追溯到 18 世纪中期，向后推延到 19 世纪中期，几乎一个世纪的时间。"浪漫主义艺术家把自己视为某种制作人。浪漫主义使艺术家的角色膨胀：因为新古典主义立意模仿，而他却旨在表达；而且他还敌视一切外在权威，除了忠实于艺术家的经验不承认其他任何律条"。❶ 简而言之，就是雨果所宣称的那样："一切体系均为虚妄，惟有天才个人才是真实。"后人或许会讥讽 19 世纪的作者过于自大，比如福柯认为作者的功能不过是"分类的手段"，罗兰则更为干脆地宣称："作者只是在表演语言符号，而不是表达什么思想！"❷ 然而，历史自有逻辑，19 世纪的浪漫主义作者与 20 世纪的福柯、罗兰一样，都是各自时代的产儿。❸

　　著名的作者、文学家则更为具体地沟通了天才、作者、创造性作品之间的关联。根据李雨峰博士的考察，首先是爱迪生（Jodeph Addison）在反驳蒲伯（Pope）的模仿古人原则时提出了

---

　　❶　［英］玛里琳·巴特勒：《浪漫派、叛逆者及反动派——1760～1830 年间的英国文学及其背景》，黄梅、陆建德译，辽宁教育出版社、牛津大学出版社 2006 年版，第 9 页。

　　❷　两个论断分别出自米歇尔·福柯：《什么是作者？》及罗兰·巴尔特：《作者之死》，两篇文章均见于《符号学论文集》，赵毅衡编选，天津百花文艺出版社 2004 年版。

　　❸　福柯和罗兰对作者观念的质疑，直面的是当代写作模式。如果考虑集体写作、雇佣作品、法人作品以及网络世界读者与作者的混合，会觉得他们的质疑与否定还不够彻底。Daniel Williams, Law, Deconstruction and Resistance: the Critic Stances of Derrida and Foucault, *Cardozo Arts and Entertainment*, Vol. 6: pp. 359～410.

"原创"的概念:"再好的作家的模仿也无法与原创的（original）东西相比。"扬格（Young Edward）进一步指出了模仿与原创的区别:"模仿者只能给我们的作品增加一个副本,他们徒然增加了一些微不足道的书籍;模仿的精神存在不良影响;它会使我们追随前人,而不愿超越前人;模仿的精神有可能使我们反抗自然,而我们生下时都是独一无二的,因此,模仿有可能与我们生下来就是独一无二的地位相反;模仿有可能使我们写得多,想得少。而独创性作品不同,它是天才的产物,能够从荒漠中唤出灿烂的春天。"原创性概念进入法学领域,则是法官们的贡献。布莱克斯通后来在其《英国法评论》中对此作了总结:"如果一个人依赖他的理性产生了一个原创性作品,显然,他就有权以其乐意的方式处理该作品。任何从其手中夺走或改变其作品的行为都是对其财产权的侵害。"❶

作者已经从依附赞助人的体系下解放出来,取得经济上的独立和思想上的自由,不仅如此,作为天才,他把自己的创造性智慧予以表达,惠泽大众。这样,作者及作品受到法律的保护就是理所当然的了。文学财产大辩论过程中,这一点已经达成共识,人们或许要质疑作者权利的性质,但对权利本身的存在,都予以承认。余下的难题,就是法律如何对这种无形之物给予恰当的保护。这已经是后来者的任务。

二、欧洲大陆作者人格/精神权利的形成

在 Donaldson 案尘埃落定后,有关文学财产的辩论也随之偃

---

❶ 李雨峰:"从写作到作者——对著作权制度的一种功能主义解释",载《政法论坛》2006 年第 6 期,第 90 ~ 100 页。

旗息鼓。英国国内的版权争论暂告一个段落，无论是作者、出版者、公众还是司法立法系统，都度过了一段较为平静的时光。但文学财产大辩论的余温，在欧洲大陆搅热了作者的心。尤其是浪漫作者观念，经过德国作者与法国法院的联手打造，已然更加强大完备，并对德国和法国的作者观念、作者权体系以及著作权实践产生了深远的影响。

在 1870 年德国统一之前，德意志联盟内各国政制不同、法律各异，然而却有共同的语言和文化，因此跨国盗版非常盛行。共同应对盗版的法律难以在分散的各国协调一致，思想和理论却可以跨越国境达成共识。❶ 在 18 世纪末，文学产权的理论已经在理论界占据主导地位，但对司法界的影响还不大。康德和费希特将扭转这个局面。他们首先从哲学的高度判定盗版的非道德性和非法性。当时德国大众普遍反感文学产权的思想：作品既已发表并为人所共知就难以再收回，购书人理所当然可以进行他所愿意的任何使用，这才是正常的。人们疑惑不解，作者凭什么对书籍享有文学产权？费希特对此作了论证：作品的思想及内容或许不应由作者专有，但作品的表达则实实在在是作者特有和仅有的，因此作者对作品的表达形式享有排他性权利。❷

康德在此基础上进行了更为深入的论证。康德把作品放在一个比商业和实在法的经验现实更高一级的先验理性中来谈论作者的贡献和出版的过程。他区分了作品和书籍，前者是作者的言论（discourse），后者是作者言论的载体，就此把个人的表达与物质的形式区分开来。出版者是作者授权将其言论公之于众的人。作

---

❶ Saunders，p. 107.
❷ Saunders，pp. 108 ~ 109.

者的言论负载了作者的思想和人格，被授权发表其言论的出版者因此也有了人格权，只有经作者授权的出版者才可以发表作者的言论。因此，盗版是违反出版者的人格权的。康德在这里把人格权赋予出版者，而不是直接给作者，目的在于论证盗版的非法性。在此基础上，康德也曾对作者的权利予以强调，他指出：作品是作者对其个人才能的实现，向他人展示个人的才能，这是个人不可分离的权利；把思维活动组合成思想只能由作者来进行，这是作者有不可分离的拒绝出版该思想组合的权利的基础；作者的权利是与生俱来的权利。❶

这样，经过费希特、康德等人的锻造，欧洲大陆承认作者人格权/精神权利的基础已经铺就。由于德国政治上的分裂导致司法上的不一致，德国哲学家的理论首先在法国接受了检验❷。德国人格权理论与法国判例的结合，最终产生了法、德两国联系紧密而又各有特色的作者权体系。

在追寻作者留在版权历史中的足迹时，本书作者对这一点深有体会：版权的历史是由各方——出版者、作者、公众、立法、司法——共同创造的，作者在其中自有其分量与贡献，决不是无语和消极的一方。版权诞生之时，其实就是合并了两个不同的路径：一方面，是经济利益驱使出版者保护对其书籍的复制，另一方面，作者们要求拥有他们的作品，这种要求借助了自然权利观

---

❶ ［德］康德：《法的形而上学原理》，沈叔平译，商务印书馆1991年版，第113~114页。

❷ Saunders, pp. 119~121.

念并以洛克的劳动价值论为基础。❶ 在版权发展的早期，作者职业阶层还未成熟，发挥的影响还比较有限，常造成后人对作者无心的忽略。不过，作者们很快就要在版权的舞台上大显身手了。在此借用李雨峰博士的话语，为作者们拉开帷幕：

> 无论如何，1735 年之后，在讨论版权法的修改时，已不可能完全把作者排除在外。自此之后，作者群从幕后挤到了台前，直至今日，他们一直扮演着维护自己权利之斗士的角色。❷

第四节　作者的舞台：版权运动

作者们第一次集体亮相，是在为 1842 年英国版权法的制定和通过而发起的版权运动中。1710 年的《安妮法》在 1814 年作了一次修改，将版权的期限延长，在 28 年及作者终身中取其长者为限。这次修改仍由出版商提起，主要目的在于减少《安妮法》规定的出版商应缴存书籍的数量。出版商对版权期限漠不关心，但作者们却表现出了异乎寻常的关注。这是因为继 18 世纪

---

❶　Daniel Gervais, the Changing Role of Copyright Collectives, in Daniel Gervais（ed.）, *Collective Management of Copyright and Related Rights*, Kluwer Law International, 2006, p. 6.

❷　李雨峰：《枪口下的法律：中国版权史研究》，知识产权出版社 2006 年版，第 45 页。

末图书流通量直线上升之后，19 世纪 20 年代更出现了大规模印制图书的新技术，一个文化上的真正革命性的过程开始了。历史为作者们提供了登台亮相的时机。

一、塔尔福德与 1842 年新版权法案

站在舞台中央的是作家、律师兼议员塔尔福德（Talfourd），以及英国著名的桂冠诗人骚塞（Robert Southey）与华兹华斯（William Wordsworth）。塔尔福德的两大兴趣是文学和法律，并且在两个领域都成绩卓著。他与文学界的名家都有亲密交往，其名字常在那个时期的文学书信和日记里出现。他经常与作家们讨论版权问题，并于 1837 年提出了新的版权法案，其目标是整合现有的零碎的立法，对版权客体作出合适的定义，确定何为侵权、如何惩罚，以及延长版权保护期限等许多方面。与以前由利益团体和出版者推动的法案不同，他提出的版权法案是第一部被设计以回报作者的法案。❶ 因此，这部法案一经提出，立即遭到来自印刷商、装订商、出版商、自由贸易者、知识促进者、实用主义者的批评反对。各个团体和阶层，纷纷向议会呈递请愿书，要求阻止这部法案的通过。❷ 在 1842 年最后结果出来之前，反对的声音和抗议的活动一直持续了 5 年。

---

❶ Catherine Seville, *Literary Copyright Reform in Early Victorian England*, Cambridge University Press, 1999, p. 20.

❷ Catherine Seville, pp. 20～25.

二、骚塞对版权法的批评与建议

塔尔福德也不是一个人在战斗，他代表了一个正在形成、正在组织的作者阶层。1837 年塔尔福德提出新的法案，是 19 世纪早期作者关注版权问题的积累；其中以骚塞为代表。骚塞 1795 年开始为杂志、评论、期刊贡献了数量众多的文章，也积攒了自己的财富，并以诗歌闻名，1813 年与华兹华斯、柯尔律治（Samuel Taylor Coleridge，也译为柯勒律支）一起被称为"桂冠诗人"。他对自己的版权非常在意，对书籍销售商在版权贸易中的主导地位感到不满。因为担心未来的生活没有保障，他把诗歌的版权收入投资到寿险中；他也非常担心家人的未来福利，认为现有的文学财产法没有充分考虑到这点，是非常不公平的。为此，他撰文批评当时的版权法律，也提出许多建议，并对议会中的一些议员产生了积极的影响。骚塞尤为重视延长版权的保护期，建议塔尔福德在新法案中把期限定为 99 年。❶

三、华兹华斯对新版权法案的支持

华兹华斯与骚塞一样，很早就热切关注 19 世纪早期的版权法案。作为英国 19 世纪浪漫主义文学的领军人物，他对浪漫作

❶　Catherine Seville，pp. 153 ~ 159.

者观念的最终定型起了决定性的作用；❶作为文学界的重要人物，他对塔尔福德提出的法案有过直接的影响；作为议会议员，他也从不放弃说服其他议员的机会，采取私人会晤、发表演讲、给议会中的重要人物写信等各种方式。出于自尊，他一直不愿意采取请愿的方式去表明自己的心愿。与当时的大多数作者一样，他认为参加请愿，会让人误以为他是在为一己之私利鼓噪，因此不愿意将私人的意见化为公开的宣传。但是，在1838年，塔尔福德的法案没能通过二读，希望法案获得通过的愿望逐渐销蚀了他对请愿的抵触。华兹华斯开始写请愿书，请愿书得到许多著名作者的签名支持。同时华兹华斯开始注意发动全国的作者向国会请愿。他呼吁道："作者作为一个阶层只能/必须在某种程度尽量发挥能量，提升公众的评价。拥有财产可以使一个人更加有尊严，无论要尊严的代价有多么高昂！"1839年开始，全国陆续有作者请愿。最后，那个时代几乎所有著名的作者，都参加了请愿。作者作为一个阶层，投入了由塔尔福德、骚塞、华兹华斯等人发起的版权运动中去。❷

---

❶ Martha Woodmansee, On the Author Effect: Recovering Collectivity, *Cardozo Arts& Entertainment*, Vol. 10: pp. 279~292, p. 280. 华兹华斯在其随笔中曾这样赞美过天才作者：Of genius the only proof is, the act of doing well what is worthy to be done, and what was never done before: Of genius in the fine arts, the only infallible sign is the widening the sphere of human sensibility, for the delight, honor, and benefit of human nature. Genius is the introduction of a new element into intellectual universe: or, if that be not allowed, it is the application of powers to objects on which they had not before been exercised, or the employment of them in such a manner as to produce effects hitherto unknown. 转引自同篇文章。

❷ Catherine Seville, pp. 159~175.

四、作者请愿团对新版权法案的推动

请愿通常以团体的名义进行，由众多请愿者在请愿书上签名；也有一些人以自己的名义请愿，提供了更为具体、个人化的案例。除了请愿之外，作者们还以其他方式向议会施压。在报纸、政治评论和文学期刊、法律期刊上发表见解，也是作者们常用的方式。他们在这里陈述作者及其家人受到的不公平对待，介绍版权保护的理念和原则，反驳反对派的观点，为1842年版权法的通过发挥了不可忽视的影响。在那个时代，地方书籍和报刊的发行量激增，主要报章杂志的社论栏和特写文章并未得到直接的政治权力，但具有重要的影响。权力不可能不对这影响力让步。❶

作者们最关心的仍然是版权期限的问题。那时，版权保护期已经从1710年的21年延长到28年。但对作者们来说，这还远远不够，文学产权即便不能是永久的，也不应该这么短。

塔尔福德的法案给版权的期限是作者终身加身后60年。作者们支持延长版权期限，主要有这样一些理由：首先，版权期限过短，作者的文学财产无法惠泽后人。这是令骚塞、华兹华斯等人深为忧虑的一个问题。骚塞认为，自己的许多作品，在自己去世后三五年内能达到比生前更高的销售量。华兹华斯曾给Lord Lonsdale写了一封措辞严厉的信，认为自己作为一个把毕生精力奉献给文学事业的人，有权利要求对自己的家庭进行金钱回报，

---

❶ ［英］玛里琳·巴特勒：《浪漫派、叛逆者及反动派——1760～1830年间的英国文学及其背景》，黄梅、陆建德译，辽宁教育出版社、牛津大学出版社2006年版，第112页。

在此基础上，才可以由版权法去宣布他停止呼吸之时大部分作品都归于公有。❶其次，版权期限届满后，文学财产上的利益并未由公众享用，而落入了出版商的腰包。比如著名作家彭斯（Robert Burns）及库柏（William Cowper），就由于版权期限过于短暂，原本应由作家后人享受的财产权利，被图书销售商享用；前者因此过着困苦的生活，后者因此富足奢侈。❷此外，作家们认为，短暂的版权保护催生的是那些肤浅地迎合大众趣味的易于快速流行的作品，那些富有哲理的、深刻的、随着时间的流逝才渐显价值的作品，则没有得到任何保护。例如那些历史、哲学、生物和神学等方面的作品，写作过程漫长而艰辛，而且往往耗资不菲，但是销售却比较缓慢。作者们认为延长版权期限将保护那些艰辛之作作者的利益，而丝毫不会影响公共利益。

五、1842 年版权法对作者的意义

在作者的努力游说下，出版商后来也转变态度加入进来，共同参与版权改革的运动。1842 年版权法终于获得通过，版权期限被规定为作者终身加身后 7 年，但是如果这一期限不满自作品出版之日起 42 年，则依自作品出版之日起 42 年加以保护；作者身后首次出版的作品一律保护 42 年。1842 年版权法在英国开创了作者死后保护的先例。除此之外，这部版权法还对版权的客体问题、侵犯版权的救济问题等作出了探索。Catherine Sevillie 高度评价这部法律，认为它奠定了英国现代版权法的基础：1911、

---

❶ Catherine Seville, *Literary Copyright Reform in Early Victorian England*, Cambridge University Press, 1999, p. 161

❷ Catherine Seville, p. 177。

1956、1988 年的版权法都依赖了这个基础。

对作者们而言，这部版权法的意义不完全、甚至不主要体现在法律对作者利益的保护上，而在于版权改革过程中作者阶层的崛起与联合，揭示了文学界联合起来的能力。正像《维多利亚早期英国文学版权改革》一书所得的结论一样：

> 版权运动建立在友谊和熟人的网络上，而且被证明足够坚固，因而能够忍受艰难的五年。他们组织运动过程的方法，很可以揭示作者职业正在崛起，就像印刷工人的请愿揭示了他们的商业结构一样。有关的证据并不整齐易见，也很难谈得上完全，但确实存在。这些证据能够说明，现代文学人物都与版权问题有密切的联系。版权运动是作者职业阶层的就职演练。❶

六、作者与国际版权保护

由作者发动和积极参与的英国 1842 年版权法，为国际版权保护创造了成功的环境。1908 年，《伯尔尼公约》柏林版本要求各国为作者提供至少为终身加身后 50 年的保护。《伯尔尼公约》的要求接近塔尔福德的保护主张，并且用不了多久就超过这个期限。欧洲大陆已经达成一致，为作者提供终身加身后 70 年的保护。英国作者为国内版权保护努力的同时，也在为国际版权保护奔走呼号，其中典型者为狄更斯。他虽然常在小说中对法律这一精巧的骗人术进行攻击，或对以司法名义采取的令人厌恶的无理

---

❶ Catherine Seville, *Literary Copyright Reform in Early Victorian England*, Cambridge University Press, 1999, p. 153.

性的残酷行为进行攻击，❶ 但版权法是个例外。他在 1842 年专程来到美国，决心启发美国的国际版权意识。在美国，他"不会放弃任何一个谈论一个话题（版权保护）的机会"，即使对这个问题讳莫如深的美国人曾对他施以警告："正巧在这一问题上我们不需要任何人的指教。对狄更斯先生来说，他最好今后有所克制，不再引入此类话题。"❷ 这也没有能抵挡住狄更斯的决心。然而，他最终发现，"美国那畸形的成长还有一个更加错综复杂的根系"，❸ 版权保护难以一蹴而就，于是失望地离开美国。不过，

---

❶ ［英］T. A. 杰克逊：《查尔·狄更斯——一个激进人物的进程》，范德一译，上海译文出版社 1993 年版，第 276 页。

❷ ［英］查尔斯·狄更斯：《狄更斯演讲集》，丁建明等译，浙江文艺出版社 2006 年版。引文出自："在哈特福德欢迎宴会上的演讲"（pp. 24 ~ 30）；另外，"在波士顿欢迎宴会上的演讲"（第 16 ~ 23 页）中，狄更斯对自己的版权保护思想有一个比较完整的说明：每一个国家都必须从自己的文学中寻找教化并改良民众的伟大手段，寻找民族尊严的伟大源泉。在美国，你们拥有伟大的作家，他们与世永存、家喻户晓。他们从养育自己的伟大国土中汲取了灵感，进而把有关它的更美好的知识以及对它的高尚的爱，传遍了整个文明世界。这些作家中的一部分今天也在场。请允许我当着这些先生的面表达一个愿望，即在不久的将来——在美国，他们能从自己的劳动中理所当然地得到一笔可观的收入和回报，而我们在英国也能因自己的劳动而获得可观的收入和回报。……与其说我需要成堆的金子，不如说我更需要来自同胞的爱戴。不过，在我看来，可观的收入和同胞的爱并非水火不容。只要做到公正，两者并不相互抵触。在这一方面，必须有国际性的操作办法：英国已有所举措。保障作家的生计已经成了一个伟大国家的特点。其原因有二：首先，这样做是正义所在；其次，不这样做你们就永远不可能拥有并保持你们自己的文学。

❸ ［英］查尔斯·狄更斯，《美国手记》（American Notes），刘晓媛译，厦门鹭江出版社 2006 年版，第 267 页。

美国作者没有放弃努力。美国早期版权法的确立，就要归功于 Noah Webster，他是美国版权法的早期奠基人之一。为了促使美国通过国际版权保护规则，美国的作者（以马克·吐温为代表）自 1837 年正式组织起来，建立美国国际版权协会、美国版权俱乐部、美国版权联盟等机构，作为作家/作者们开展版权保护运动的基地，对美国 1891 年版权法的制定进程产生了举足轻重的影响。在 1909 年版权法的制定过程中，尽管利益团体在增加，利益之争更加剧烈，作者们依然起到重要的作用。❶

18～19 世纪是欧美文学的繁荣时期，在英国和欧洲大陆，被我们称为浪漫主义的那一段是极为丰富多彩的。其他时期产生过一些同样伟大，甚至更为伟大的作家，如莎士比亚或弥尔顿，但没有哪个别的时代曾涌现出这么多确实举足轻重而又各具特色的诗人、小说家、散文家和批评家。他们使作者的社会形象更加丰满有力；他们版权意识的提高，不仅是对自身利益的关注，也是对作者阶层整体未来命运的关怀。以他们为代表的作者阶层，在这个时期走上版权世界的舞台，也正是历史的因缘际会。

---

❶　Catherine Seville, Authors As Copyright Campaigners： Mark Twain's Legacy, *Journal of the Copyright Society of the U. S. A.* , Winter/Spring 2008.

第二章

著作权集体管理组织的诞生

　　18、19 世纪的社会、政治、文学等各方面所共同造就的历史舞台，已经容许作者们开始关注并参与设计版权制度。那么，作者们为实现自己的权利而采取任何行动，也都是顺其自然之事。

第一节　组织作者的尝试

　　在 18、19 世纪，刚刚成形的作者职业阶层，步履维艰，"饥饿的艺术家"几乎成为那个时代的标志之一。弥尔顿与他的遗孤，总共从其名著《失乐园》获得 18 英镑的收入，而拥有该作品著作权的汤森出版社从这本书上获得了 8 000 英镑的利润。许多作家为此愤愤不平，骚塞曾发出这样的诘问："弥尔顿的后人在贫困中死去，莎士比亚的后人在生活的最低线上挣扎。这对这些人来说是公平的吗？这是向我们引以为荣的灵魂致敬的方式吗？"❶ 然而，与大多数年轻的作家相比，弥尔顿还算比较幸运了。无数以文学为生的年轻人，经济状况非常糟糕，他们总是在欠债，也常常因此被投入监狱。❷ 英国的作者很早就开始行动，试图以有组织的努力来保护作者。从 1735 年开始，作者们开始寻求集体化的方式，探索提升整个阶层地位的途径。英国作者们进行的尝试，可以归结为两种模式。

---

❶　Catherine Seville, *Literary Copyright Reform in Early Victorian England*, Cambridge University Press, 1999, p. 155.

❷　James Hepburn, *The Author's Empty Purse and the Rise of the Literary Agent*, London：Oxford University Press, 1968, p. 5.

一是为作者提供出版服务，使作者免于受到出版商的盘剥，比如前文提到的"激励学识协会"（the Society for the Encouragement of Learning）即以此为目的。该协会自己组织出版并把所有的利润都给了作者；图书的销售则交给三个由协会雇用的书籍销售商，为此协会需支付33%的佣金。英国的出版世家Rivington是协会的积极分子，承担了协会会员的书籍出版任务，但由于协会本身不以营利为目的，而且书籍销售商的佣金过高，Rivington难以承受过多的经济损失，最终退出了。协会惨淡运行了13年后解散。❶ 1825年有一个类似的组织——文学促进协会（Society for the Encouragement of Literature）成立，协会计划购买版权，然后通过常规渠道印刷出版；希望通过建立在严格财政基础上的运行体系，为作者提供更多更直接的回报。但这个事业在几年内也宣告失败。此后，还有全国激励和保护作者以及天才之士协会（National Association for the Encouragement and Protection of Authors and Men of Talent and Genius）提出了建立出版协会的计划，以避免与书籍销售商争吵；但作者们对此都不感兴趣。❷ 1860年成立的作者协会（the Society of Authors），成立之初以促进国内外版权改革为己任，自1899年年初也开始进军出版代理事业，但没有获得成功。❸

二是为作者提供抚慰和救济，使作者免于贫困和饥饿。1790

❶ Catherine Seville, *Literary Copyright Reform in Early Victorian England*, Cambridge University Press, 1999, pp. 149~150.

❷ James Hepburn, *The Author's Empty Purse and the Rise of the Literary Agent*, London: Oxford University Press, 1968, p. 38.

❸ James Hepburn, pp. 40~42, 55~56.

年成立的皇家文学基金会（Royal Literary Fund）是这种模式的开创者，它的目的首先不是寻找或成为慷慨的出版者，而是抚慰作者在长期与出版商的斗争中受到的创伤。其创立者 David Williams 被作者的悲惨处境打动，早在 1773 年就向一个他所属的文学协会提出了他的想法，但他的朋友们对此一直无动于衷。到 18 世纪 80 年代，著名的学者兼翻译家 Floyer Sydeham 因为一笔很小的债务被逮捕并死于监狱。这个不幸的故事给了 Williams 和他的朋友们极大的触动，他们决心成立基金会，给申请帮助的作者分发微薄薪金，帮助作者免于陷入困境。截至 1833 年它资助了 600 多名作者，但是，总的来说基金会在 19 世纪的进程并不成功。许多作家指责基金会是在恢复应被废弃的赞助制度，因为接受赞助的作者必须接受基金会的许多审查，失去了思想上的独立性。斯科特（Scott）及骚塞、狄更斯等人都对此进行猛烈的攻击，认为文学基金会是在"可耻地夸耀赞助"。狄更斯是该基金会的会员，曾尝试对基金会进行改革，却没有获得成功。狄更斯于 1851 年另起炉灶，创立文学艺术协会（the Guild of Literary and Art），但收效甚微，没有能实现其预设的"使年轻人免于对未来失望，使暮年作家老有所依"的目标。❶

　　这些协会不能成功的原因，主要在于它们还仅仅是内部的互助，采取的是赞助或救济的方式，而缺乏一致对外的行动。它们由会员们以会费的方式捐助资金，以供运作，为贫困的作家们提供短时的帮助。但是，这注定不是长久的事业，作家们迫切需要的，是从版权产业中分割应有的份额，这才是这个阶层得以生存和发展的经济基础。版权产业的利润，当时主要集中在出版商手

---

❶　James Hepburn, pp. 40 ~ 56.

中。如何从出版商那里分得利润，显然是上文提到的"鼓励学识协会"等作者组织所考虑和要解决的，因此它们尝试由作者自己出版，把利润集中在作者这里。然而，在社会分工越来越发达的时代，出版商、书籍销售商、印刷商已经不可能合而为一，作者与出版商的统一，也被实践证实只是美好的构想。让作者身兼出版商，作者协会即使能够成功，也是出版商的成功，而不是作者的成功。如何打破这个产业中旧有的分配体制，从中分享自己的份额，仍然是一个困扰作者们的难题。文学代理的产生，或许有助于部分地解决这个问题，它可以增强作者在与出版商谈判时的能力，是对作者—出版者长期失衡关系的一个调适。❶ 但是，文学代理只针对文学作者的大权利，而且往往只服务于那些比较有市场竞争力的作者。作者阶层的大多数人从文学代理制度中，显然还不能够获取足够其安身立命的利益。

第二节　著作权集体行使模式的发端

18 世纪后期，当英国的 David Williams 为文学同胞的不幸遭遇感伤的时候，法国剧作家皮埃尔·奥古斯汀·卡农·博马舍（Pierre Augustin Caron de Beaumarchais）也在为剧作家受到的不公平对待而伤神。长期以来，无论在英国还是法国，剧作家、作曲

---

❶　关于文学代理制度的兴起及发展，可以参阅 James Hepburn，*The Author's Empty Purse and the Rise of the Literary Agent*，London：Oxford University Press，1968.

家与他们的同伴文学作者一样，都靠把作品卖断给出版商/剧院而获得有限的经济补偿。在作者—出版商关系中，作者具有的谈判能力微弱到可以忽略不计。作者们已经意识到，只有把作者们组织起来，才能够增强谈判能力，谋求整个阶层的发展。英国文学作者们自组织的尝试，看来从出版商那里无法分享到利润，戏剧、音乐作者或许可以从其他途径寻求突破口。

一、表演权：从戏剧作品开始

　　法国剧作家在与法兰西戏剧院的斗争中逐渐获得灵感。从1680 年起，法兰西戏剧院根据王室颁布的一项令状，获得了剧院表演的独占性权利。与书商公会在英国书籍贸易行业扮演的角色一样，法兰西戏剧院所获得的垄断地位是有条件的，即协助官方对戏剧演出进行严格的审查，以防止戏剧被用来散播推翻政府的思想。剧作家的作品，只有在该家剧院才能得到被表演的机会，因此剧作家的收入，完全依赖于法兰西戏剧院的政策。除了作者外，演员的报酬也是剧院开支的重要部分。演员和剧作家都认为就成功的戏剧演出而言，自己比对方贡献了更多的才华。因此双方经常为从戏剧演出中获得的利润多寡争执不下。法兰西戏剧院抱着"鹬蚌相争，渔翁得利"的心态，对二者的矛盾和纠纷多有纵容。演员们由于组织了演员协会，常在双方的斗争中处于比较有利的地位。演员和剧作家之间为分享戏剧演出的利润而发生的矛盾，在1750 年以后尤为突出，最终由议会发布了一项法令予以解决。该法令颁布于1757 年 6 月 18 日，规定作者可以从五幕剧中获得净利润的 1/9，从三幕剧中获得 1/12，从独幕剧中获得1/18。这个安排承认作者就其作品的表演有权获得有限的酬劳，

因而被认为是表演权的肇始。❶

但这还不是真正意义上的表演权。1757 年的这部法令，并没有给予作者禁止他人公开表演其作品的权利，并且当时的常规做法仍是由戏剧公司一次性买断作者的手稿，而不是按照演出的次数给作者补偿。作者们多年来一直反对戏剧院的这种政策，但收效甚微。1777 年 7 月 3 日，博马舍与其他 20 位作者在 Hollance 旅馆聚会，创建了戏剧立法局，负责谈判修订法兰西戏剧院的章程，以禁止一次性买断作品的行为，并清晰界定计算版权的基础。为了实现目标，博马舍与其他作者联合发起了为期 3 年的"罢写"活动，最终赢得了这场斗争。❷

1789 年法国革命到来之后，革命政府致力于取缔各种形式的垄断和独占，法兰西戏剧院在开始时没有受到直接的冲击，但剧作家们在戏剧立法局的支持下，对革命政府展开频繁地游说，最终使得 1791 年 1 月 13 日法令被通过。该法令的主要目的是终止法兰西戏剧院的垄断，承认任何公民都可以经营剧院。同时，法令第三条也规定：没有作者书面同意，法国任何公共剧院都不可以演出健在作者的作品，否则此类表演的全部收入，将被没收，以照顾作者的利益。这项权利的期限是作者有生之年加死后 5 年，期限届满后剧作家的作品可以被自由表演。

这个法令在法国历史上第一次给予作者独占性的权利：作者

---

❶ Makeen Fouad Makeen, *Copyright in a Global Information Society*, Kluwer Law International, 2000, pp. 9 ~ 14.

❷ Nathalie Piaskowski, Collective Management in France, in Daniel Gervais (ed.), *Collective Management of Copyright and Related Rights*, Kluwer Law International, 2006, pp. 153 ~ 156.

不仅可以从他人对自己作品的利用中获取报酬，还有权禁止这样的利用。从产生过程看，正如英国之《安妮法》一样，1791 年法令承认剧作家的权利，只是为了打破由法兰西戏剧院享有的垄断。然而，它的确第一次承认戏剧作品作者享有在公共剧院表演其作品的独占性权利。❶ 此后，表演权这一新的创造，很快被各个国家引进。

二、音乐作品表演权集体行使

博马舍和支持者的原意，也只是与演员协会抗衡，争取剧作家的应有权利，在这个目的达到之后，戏剧立法局的使命似乎可以结束了。但是，1791 年 1 月 13 日的立法，使戏剧立法局看到了新的机会。其中最具前瞻性观念的关键人物是富拉梅利（Framery），他建议把戏剧立法局转变为总代理处，在每个常设剧院的城市派驻代表，监督剧院使用戏剧作品的情况，并且收取许可费。音乐戏剧的作者作曲者，开始委托首任总代理人富拉梅利管理他们的剧目，公开向全国的剧院宣布使用剧目的条件。❷ 这个代理机构于 1829 年正式定名为戏剧作者作曲者协会 SACD（Societe des Auteurs et Compositeurs Dramatiques）。

博马舍为戏剧作家和作曲家争取到的权利，以及富拉梅利所

---

❶ Makeen Fouad Makeen, *Copyright in a Global Information Society*, Kluwer Law International, 2000, pp. 9 ~ 14.

❷ 参见 Nathalie Piaskowski, Collective Management in France, in Daniel Gervais (ed.), *Collective Management of Copyright and Related Rights*, Kluwer Law International, 2006, p. 155；雅克·蓬贡班：《戏剧作品和音乐戏剧作品的集体管理》，载国家版权局编，《著作权的管理和行使论文集》，上海译文出版社 1995 年版，第 227 ~ 228 页。

创造的集体行使权利的模式，在约半个世纪后得到了扩展。1847年的一个晚上，作曲者 Bourget 来到一家当时巴黎最为有名的音乐咖啡厅，要了一杯糖水，买单时发现他还得为喝水时听到了由他自己创作的乐曲而额外付费，这令他感到愤慨不平。他拒绝支付额外的费用，并且起诉要求咖啡厅予以补偿。❶ 此时，虽然距法国第一阶段的版权立法已有半个多世纪，法国的版权立法并没有什么发展。Bourget 提出补偿的法律依据，仍是 1791 年 1 月 13 日的法令。但是，1791 年 1 月 13 日的法令只将表演权授予戏剧作品的作者，而且按照该法令的字面意思，只有在"公共剧院"进行的表演，才落入法令的保护范围。咖啡厅并非"公共剧院"，Bourget 的作品也不是戏剧作品。因此，Bourget 的音乐作品，从法令的字面规定上看，是不受表演权保护的。然而，初审法院和巴黎上诉法院都对 1791 年 1 月 13 日法令作了扩大解释，不仅将法令的保护范围扩大至音乐作品，而且对"公共剧院"的含义作了非常广泛的解释，涵盖了公众得以聚集的任何场所。这个案件的判决结果对音乐作者和作曲者的影响不言而喻。Makeen 称判决"开启了音乐作者作曲者新的黎明，他们不再依赖复制权为主要的收入来源。"❷

富拉梅利建立 SACD，主要是为了增强剧作家与剧院谈判的能力，从音乐戏剧作品的性质特点来看，作者们单独行使音乐戏剧作品公开表演权，并非不可能。但是，非戏剧音乐作品公开表演权的行使，则的确超越了音乐作者和作曲者的能力，因为音乐

---

❶　http：//www. sacem. fr/portailSacem/jsp/ep/channelView. do？　channelId = −536882071，最后访问时间：12/20/2008.

❷　Makeen，p. 15.

作品可以在任何公开场所被演奏，演奏的时间和次数也难以计算和监控。因此，在诉讼结束之后，Bourget 与两位剧作家 Victor Parizot 及 Paul Henrion，即着手成立音乐作者作曲者联合会，期待把音乐作者作曲者新享得的权利，化为实在的利益。这个联合会在 1851 年 2 月 28 日定名为 SACEM（Societe des Auteurs，Compos{-}iteurs et Editeurs de Musique），向咖啡厅收取音乐作品公开表演使用费，成为世界上第一个全国性的音乐作品集体协会。❶ 由于在早期受到社会债务担保组织（Social security organization）的帮助，SACEM 迅速获得成功。社会债务担保组织早就在为每一次表演向各省剧院收税，SACEM 于是借用了这个组织完善的收税体系，授权其代表作者作曲者收集公开表演权使用费。❷

第三节　著作权集体行使模式的推进

一、英国表演权行使的曲折历程

在英国文学界探索组织文学作者的途径时，戏剧作者也在努力争取自己的权利。1833 年英国立法从法国引入了戏剧作品的公

---

❶　Nathalie Piaskowski, Collective Management in France, in Daniel Gervais（ed.）, *Collective Management of Copyright and Related Rights*, Kluwer Law International, 2006, p. 156.

❷　Makeen Fouad Makeen, *Copyright in a Global Information Society*, Kluwer Law International, 2000, p. 20.

开表演权,❶ 作者们随后就成立了戏剧作者协会。非戏剧音乐作品的公开表演权也由 1842 年版权法予以规定。法国的表演权集体协会 SACD 与 SACEM 也执著地向英国作者们施加各种影响。但是英国迟迟没有成立相关的版权集体协会。根据 McFarlane 的观察,1875 年后 Thomas Wall 恶意行使表演权的行为,给英国的民众造成难以消除的心理障碍,这是造成英国迟延建立集体权利协会的重要原因。英国 1842 年版权法规定侵犯公开表演权应处至少 2 英镑的罚金。而根据英国普通法上的一般起诉人制度(Common Informer)❷,对 1842 年版权法的这条规定,任何人都有权为获得对罪犯判处的罚金而提起诉讼。Thomas Wall 看到了其中的"商机",于 1875 年设立了"版权和表演权保护办公室",以起诉侵犯公开表演权的餐厅、饭店、旅馆,获取法院判处的罚金为业。Wall 没有像真正的权利保护组织一样,去与表演音乐作品的餐厅业协商,要求他们获得许可并支付使用费。相反,他乐见餐厅旅馆完成侵权行为并构成法律规定的处罚,然后迅速起诉到法院。最能体现其行为之恶意的是,Wall 专门选择那些年代久远、版权保护期将满的音乐作品,对演奏这些歌曲的慈善音乐会以及规模较小的娱乐场所,以向法院起诉相威胁,要求无心的侵权人支付 2 英镑罚金。Wall 显然是以保护权利为名,行收取罚金之实。公众对这种行为甚为反感,向国会请愿请求予以制止。

---

❶ *Copinger and Skone James on Copyright（Fifth Edition）*, London:Sweet & Maxwell, 2005, p. 36.

❷ 一般起诉人是英美法系中的一个概念,指在法律规定任何人都有权为获得对罪犯判处的罚金而起诉的情况下,为获得该罚金或其部分而对犯罪人提起诉讼者。

国会于 1882 年通过了新的法律（Musical Compositions Copyright Act），保护公众免于为未授权的表演的罚金而受到诉讼程序的烦扰。该法要求，任何乐曲中的版权人如要保留其表演权，就必须在乐谱的标题页上印刷一个保留版权的警示，否则视为放弃表演权，公众可以免费自由地予以表演。为了完全阻止 Wall 的行为，1888 年又一部法律通过，以进一步保护公众免于受到诉讼的纷扰。新的法律取消了最低 2 英镑的罚金，把损害赔偿数额交由法院在判决中作出。而且，为了反对 Wall 的行为，法律明确规定，除非未经授权的表演发生地的业主、租户或暂时占有者故意招徕或允许这样的表演，否则不存在版权责任。这两个法律最终阻断了 Wall 的行为，也使得英国本土的表演权集体协会难以建立。❶ Thomas Wall 恶意行使表演权的行为，在英国产生了长久的影响；英国表演权协会成立多年之后，还要经常被拿来与 Thomas Wall 作类比，表演权协会也不得不时常声明自己与 Wall 有本质的不同。但是，英国表演权协会要成立，并非只需排除 Wall 以及与此相关的立法障碍。音乐出版市场结构的变化，才是表演权协会成立的首要条件。

二、英国音乐出版市场：复制权与表演权此消彼长

一直到 19 世纪末，英国的乐谱需求还非常旺盛，每年可以

---

❶ Cyril Ehrlich, *Harmonious Alliance*：*A History of the Performing Right Society* New York：Oxford University Press，1989，pp. 1 ~ 3；也见于 *Copinger and Skone James on Copyright*（*Fifth Edition*），London：Sweet & Maxwell，2005，p. 38；以及 Makeen Fouad Makeen, *Copyright in a Global Information Society*，Kluwer Law International，2000，pp. 20 ~ 21.

达到 2 000 万页，单首流行音乐的乐谱可以卖到 20 万册。这在很大程度上要归功于英国家庭的钢琴拥有量。到 1910 年，英国的钢琴拥有量还有 200 万架，这比法国等欧洲大陆国家要多得多。钢琴热和家庭业余表演是英国音乐市场的主流，因此乐谱的销量一直居高不下，销售乐谱是英国出版者惟一重要的收入来源。这使得一些版权人，尤其是出版者，坚信不行使公开表演权可以使出版业更加富有。在当时，一首歌曲被公开表演的次数增加，乐谱的销售量也会同比上升。因此他们担心行使公开表演权会损害乐谱的销售，甚至特意在出版的乐谱上标注"本歌曲可以在任何公共场所不经许可免费演奏"的告示，与 1882 年法律的要求相映成趣。

但影印锌版（photo-zinc blocks）技术很快就扰乱了出版商的策略。锌版影印非常便宜，盗版很快就盛行起来；由于乐谱不需要装订，因此音乐市场的盗版比文学市场的更为普遍。盗版的生产集中在利物浦和伦敦，销售则遍布各大小城市的大街小巷，由街头小贩小规模快速贩卖。出版商动用了各种渠道，试图消除盗版，包括雇用侦探机构、起诉，甚至直接动用了警力，法律也给予出版商抓捕小贩和摧毁摊点的权力。在出版商的努力下，1906 年国会还通过了《音乐版权法》（the Musical Copyright Act），把生产、销售、拥有盗版印刷物或用于印刷的刻版规定为刑事犯罪，警察有权进行搜查。但即使这样也不能消除盗版。感到心力交瘁的出版商不得不考虑从其他途径弥补在乐谱销售上的损失。[1]

法国 SACEM 长期在英国开展业务，为法国音乐作者作曲者

● Cyril Ehrlich, *Harmonious Alliance*: *A History of the Performing Right Society*, New York: Oxford University Press, 1989, pp. 9 ~ 13.

收取表演权使用费，并不断对英国的音乐出版界施加影响。英国出版商一向对此抱有强烈的反感。但在新的危机下，出版商也开始认真考虑和观察 SACEM 的方法。音乐出版界的领头人物的观念开始逐渐变化，行使表演权来获得已经从复制权上失去的利益，成了许多出版商的共同需求。此时，英国政府也在考虑修改版权法，以符合《伯尔尼公约》（1908 年柏林文本）的变化。出版商与作者代表借此机会，在新的立法过程中表达了行业的新需求。1911 年，新的版权法获得通过，废除了 1882 年和 1888 年法令对行使版权所作的要求，建立表演权集体协会的法律障碍被消除。❶ 1913 年年底，10 位出版商代表在伦敦签署协议，成立"作者、作曲者和出版商协会"。次年，协会以"表演权协会有限公司"的名义获得注册。❷ 协会的发起人是清一色的出版商，他们曾一度拒绝作者加入协会；但很快就意识到作者加入协会对协会

---

❶ Makeen Fouad Makeen, *Copyright in a Global Information Society*, Kluwer Law International, 2000, pp. 19 ~ 23; 以及 Robert Montgomery and Robert Threfall, *Music and Copyright: Delius and His Publishers*, MPG Book Ltd, Bodwin, Cornwall, 2007, pp. 1 ~ 13.

❷ 在成立表演权组织之前，英国音乐出版商已经有过集体行动的经验。根据《伯尔尼公约》（1908 年柏林文本）的要求，英国也准备在新的版权法中规定了音乐作品机械录制权，以弥补留声机发展之后对音乐印刷出版造成的损失。音乐出版商很快在新的版权法通过之前就成立了机械版权许可有限公司（Mechanical Copyright Licenses Company Ltd.）准备从留声机公司那里收取许可费。但由于录音工业的坚持，音乐作品机械录制权并没有像表演权一样成为作者的排他性权利，而必须受到法定许可的限制，因此机械版权许可有限公司实际上没有发挥多大作用；因此没有被看做是典型的著作权集体管理组织。

的发展将有很大的帮助。❶

三、其他国家的表演权协会

英国表演权协会的成立过程，是受到法国集体协会影响，又不同于法国的另一种典型。法国第一代集体管理协会 SACD 与 SACEM 也是欧美其他国家建立集体管理协会的起源和摹本。比如德国集体管理协会的成立与 SACD 及 SACEM 的经验及其在德国的活动有直接的关系。法国剧作家争取表演权的过程，对包括贝多芬在内的德国作曲者有着直接的影响。德国作曲者于 1820 年代开始着手倡议保护作者的立法行动，特别考虑作者的权利及其集体行使。1837 年，德国第一部版权法得到制定，为戏剧音乐作品以及著名歌剧的表演提供保护。当时，法国的 SACD 与 SACEM 在德国为法国作者收取音乐作品表演权使用费；但德国歌剧在法国广为流行，却不受法国法律和集体协会的保护。为此，德国歌剧作者和作曲者在 1871 年成立了 DGAK 以保护和行使他们的权利。DGAK 与其他音乐作者的努力，使得德国于 1901 年 7 月 19 日颁布了新版权法，授予所有的作曲者全面的公开表演权，最终奠定了在德国建立著作权集体管理组织的基础。随后，在著名作曲家理查德·斯特劳斯的发动下，1903 年成立了 GDT 与 AF-MA。❷ 从 1851 年 SACEM 成立到 1914 年第一次世界大战爆发前

---

❶ Cyril Ehrlich, *Harmonious Alliance*: *A History of the Performing Right Society*, New York: Oxford University Press, 1989, pp. 9 ~ 13.

❷ Prof. Dr. Jorg Reinbothe, Collective Management in Gemany, in Daniel Gervais (ed.), *Collective Management of Copyright and Related Rights*, Kluwer Law International, 2006, pp. 194 ~ 196.

后，先后有德国戏剧作者作曲者协会（1871 年），意大利表演权协会（1882 年）、奥地利表演权协会（1897 年）、西班牙表演权协会（1901 年）、德国音乐作者作曲者表演权协会（1903 年）、德国机械表演权协会（1909 年）、英国表演权协会（1914 年）、美国表演权协会（1914 年）成立。就这样，集体行使著作权的模式，从法国开始，逐渐被推广到世界各国。

第四节　著作权集体管理组织产生的自在逻辑与历史经验

一、逻辑的力量：著作权集体管理组织产生的历史必然性

各国的著作权集体管理制度，植根于特定的政治、经济以及文化土壤，遭遇到不同的历史情境，因而呈现出不同的面貌。然而从内在逻辑来看，它们无疑分享了相似的孕育和成长过程。从其外观来看，它们的成立，都要具备以下条件：立法上对权利的承认和保护、市场条件成熟、作者/出版者观念的更新以及作者自组织的程度。

表演权这个新的权利，经过法国作者的努力争取，很快就为各国作者所觉悟，并迅速引入到本国立法中❶。表演权的设立，

---

❶　美国公开表演权的确立过程，参见 Zvi S. Rosen, the Twilight of the Opera Pirates：A Prehistory of the Exclusive Right of Public Performance For Musical Compositions, *Cardozo Arts & Entertainment*［Vol. 25：1159］.

虽不纯是人为的创造，但其中也有历史的必然。戏剧音乐作品的作者，最初主要是依赖销售作品手稿或复制件来获得报酬。但是，卖断手稿获得的报酬，不能维持作者的生活，而剧院通过表演，却能获得巨额的利润。也许正是由于这个原因，莎士比亚不满足于成为一名享有盛誉的剧作家，而投资环球剧院，成为精明富裕的剧院股东❶。但是莎士比亚毕竟是特例，在传统的不为金钱写作的绅士观念中，莎士比亚也不是应该效仿的对象。对于大多数的剧作家来说，谋求自身经济自足与独立，是尤为迫切与仅此而已的任务。如果复制权或版本权（copyright）不能使作者们获得足够的经济自立，那么就要寻求另外的途径。文学作者们暂时找不到别的出路，因为文学作品的惟一利用方式还是复制，在出版商的传统力量还非常强大的时候，作者们的确还难以找到突破口。戏剧作品则通过被表演创造了新的利润，作者们分享这个利润就成为可能。根据诱致性制度变迁理论，新的收入流是产生制度变迁需求的一个重要原因。对新收入流的分割所导致的与制度绩效的增加相联系的效率收益，是实施进一步制度变迁的主要激励。因为新收入流可能会调动个人对其资源进行重新分配的积极性，也会调动为了再确定产权以实现新收入流的分割而组织和引进集体行动的积极性。❷ 因此，表演权的确立是历史的必然，是为分割新的收入流的一种制度安排。

表演权及其集体行使的方式首先在法国确立而不是在最早规

---

❶　Boyle J., the Search for An Author: Shakespeare and the Framers, *American University Law Review*: Volumn 37. 1998: pp. 625 ~ 643.

❷　拉坦："诱致性制度变迁理论"，载陈昕主编：《财产权利与制度变迁》，上海三联书店 1991 年版，第 335 页。

定了作者版权的英国确立，正如上文所析，与市场的结构有关。英国和美国的音乐市场比较接近，在很长的时间里，乐谱的销量居高不下，音乐作品复制权是作者和出版商的主要收入来源。只有当市场结构发生变化，复制权收入被新的使用方式带来的收入流所冲击时，迎接新的变化才有动力，接受由法国作者们启发的新观念也才有可能。另外，作者们自我组织的能力，也是不容忽视的因素。法国剧作家的斗争经验，最早开始于与演员协会的交锋。演员协会的组织力量，是促使法国剧作家组织起来的最直接的动力。此后，作者依靠集体的努力获得了更多的突破。最早的集体行动发生在法、德等国，也许是因为欧洲大陆具有更多的封建传统和农耕要素，使社会成员更容易采取集体行动。英国较早进入工业化，社会成员更注重个体的独立，不易采取集体行动。

二、个体的经验：特定的情境与具体的设计

从版权/作者权确立的过程来看，法国经历了与英国一样的过程：王室授予特定书商的印刷特权以及授予特定剧院的表演特权，在 18 世纪前后引起社会的广泛不满，为了限制书商/剧院的特权，王室授予作者一定的权利。❶ 换言之，作者权利是结束垄断的副产品。从集体行使权利的方式来看，两国也有许多共通之处。然而，法国和英国各自特殊的历史条件，造成了表演权协会在各自理念和具体设计上的差异。这种差异随着二者各自影响的扩大，也造就了在著作权集体行使方面的法系之别。

---

❶ Makeen Fouad Makeen, *Copyright in a Global Information Society*, Kluwer Law International, 2000, pp. 7 ~ 10；以及 David Saunders, *Authors and Copyright*, pp. 73 ~ 90.

法国（以及德国、奥地利等欧洲大陆国家）的著作权集体管理组织，首先是由作者发起的。博马舍设立的戏剧立法局，富拉梅利开创的 SACD，Bourget 成立的 SACEM，都是作者们自己的协会，最初并没有出版者的因素，或者出版者的因素很少。德国的音乐作者作曲者协会（GDT）也一直拒绝出版者加入该组织，以保留纯粹的作者权组织性质。从法国、德国著作权集体管理组织的成立过程来看，作者们有着共同的遭遇和经历，有共同的利益需求，也有共同的"敌人"。英国文学作者们在自组织过程中自救互助的本能，一样地为法国、德国作者们所拥有，并且成为法国、德国作者们构思和运作新的自救方式的动力和能量。他们为权利的法定化共同付出了艰苦的努力；集体行使权利的模式，也是作者们集体智慧的结晶。因此，法国作者的后来人会不由自主地感叹："第一代集体协会的创建，来自于兄弟般联合互助的思想，这个思想在随后的许多年中一直持续发生影响。"[●] 德国的现代作者也深情地赞美表演权集体协会创始人之间的团结一致：

> 除了他们越来越技术性的权利管理功能外，德国作者和表演者集体管理协会，尤其是那些代表了具有创造天性的个人的协会，还蕴涵了一种强烈的因共同利益及感情而产生的团结一致的因素，这种团结一致产生于权利由集体协会代表的所有权利人之间，无论他们的地位和名声有何不同。从德国权利人的角度看，特别是在作者和表演者中间，这种团结

[●] Nathalie Piaskowski, Collective Management in France, in Daniel Gervais（ed.），*Collective Management of Copyright and Related Rights*，Kluwer Law International，2006，p. 156.

一致的因素，传统上与加强规模经济效应及提高效率具有同等的分量，都是他们联合起来管理权利的内在需求所在。❶

按照博马舍的理念，团结和自由是著作权集体管理协会早期成员的特点，也是著作权集体协会区别于其他垄断性行会的关键所在。法国集体协会的早期创始人认为，作者结社、联合，但并没有丧失他们的个性，反而是团结使他们获得了自由，因为团结是他们保持独立性的条件。作者们通过签订契约，建立起团结一致的联合协会，就能够掌握自己的命运❷。按照这一思路，作者协会只能由私人建立，而不能由政府干预。集体管理应当由作者自己决定并由作者来进行，集体管理以实现作者独立为目标。这些早期的理想与实践，逐渐成为法国著作权集体管理的传统。法国著作权集体管理协会的民事法人地位、对非营利本质的坚持，都与早期的历史经验息息相关。

英国版权集体管理组织的成立，正如上文所展示的那样，则是出版商协商一致的结果。英国的音乐出版商一直主宰着英国的音乐市场，但是自 19 世纪 90 年代开始，这个主宰者也感到危机四伏。公众的音乐欣赏口味正在发生变化，出版商所特别倚赖的古典音乐，正在为更加流行的轻音乐所取代；盗版盛行；新技术革命的产品——广播和电影带来的威胁也隐约可见。对未来可能

---

❶ Prof. Dr. Jorg Reinbothe, Collective Management in Gemany, in Daniel Gervais（ed.）, *Collective Management of Copyright and Related Rights*, Kluwer Law International, 2006, p. 194.

❷ 雅克·蓬贡班，"戏剧作品和音乐戏剧作品的集体管理"，载国家版权局编：《著作权的管理和行使论文集》，上海译文出版社 1995 年版，第 229 页。

的困扰，英国的音乐出版商还很难靠单打独斗来应对。因为，那时的出版商都还是由家庭成员组织起来的小的单元，管理保守、对创新既不感兴趣也不信任，也没有充足的经济实力去做长期的规划。如果没有有效的领导和合理的团结一致，这个行业的未来发展岌岌可危。正是在这样的危机感驱动之下，英国10家主要的出版商发起设立了"作者、作曲者、音乐出版者协会"，正式注册时定名为表演权协会。出版商设立的协会也照顾到作者的利益，这的确不是出版商的慷慨，而有着比较复杂的思量和设计。借用作者的观念来实现商人的利益，这已经成为英国版权法律发展的重要特点，以作者的名义来举办并维护新的商业利益，也合乎出版商的历史经验。不过，法国和欧洲其他国家集体管理协会的实践，也在提醒英国的出版商：出版商的利益已经与作者的利益紧紧联系在一起，没有作者，就没有出版商。另外，Thomas Wall 恶意行使表演权的行为，令英国的公众和作者对表演权组织的活动深感忧虑。因此，虽然不能完全像法国和德国那样重视作者的地位和作用，英国表演权协会还是规定协会委员会由8名作者作曲者及8名出版商代表组成，主席由后者中的一位担任；对表演权许可费的分割，以作者与出版商各半为原则❶；并且在注册时特别申明：公司不进行分红（a company limited by guarantee and not having a share capital）。

法国戏剧作者作曲者协会（SACD）文化行动部经理雅克曾经说过，不了解这段历史，就看不清作者权利与版权的对立，作者权协会和无个性的报酬收集协会的不同。在比较法国和英国集

---

❶ 同时期的法国表演权协会，出版商分得许可费的比例不超过1/3，德国的表演权协会给予出版商的份额是不超过1/4。

体管理组织产生过程的共性与差异之后，可以认定来自作者权法系的权利人代表并非故弄玄虚。著作权集体管理制度自诞生至今，已经经历了太多的变化和发展。各国的以及全球的政治、经济、文化、技术的融合交织以及矛盾冲突，令呈现在我们面前的集体管理制度愈发错综复杂。也许，追寻它的历史足迹，可以引领我们朝着迷宫出口的方向前行。在此，愿以 Dianel Gervais 教授的一段话暂时结束本章的探索：

> 在大部分情况下，一个特定的集体管理的模式，可以通过检视历史及其初创时期的主导理念来得到解释。集体管理是仅仅被看作提高许可过程经济效益的工具，还是被视为一个担负保护会员经济利益以及精神利益之使命的联合体？某一个集体管理模式诞生时的外部环境，可能影响着相伴而来的立法过程，也可能为政府对待集体管理的未来政策埋下伏笔。❶

---

❶ Daniel Gervais（ed.），*Collective Management of Copyright and Related Rights*，Kluwer Law International，2006，p. 20.

第三章

广播时代：著作权集体管理组织与著作权扩展

　　第一代著作权集体管理组织的诞生，其实就是版权范围第一次扩展的结果。在版权范围由复制权扩大到表演权之前，作者也在进行着组织自身的努力，但是没有成功。因为彼时的版权市场，还主要由作者和出版者构成，出版者无论是在传统上还是从经济实力上说，都远远凌驾于作者之上，作者反抗出版者的努力难以成功。从另一个角度看，作者和出版者的利益更多的是互相依赖，而不是互相排斥。出版商尽管常常在分割利润时对作者不公平，对作者及其作品不尊重，但无法否认的是，出版者是作者作品通往公众的必由之门。❶ 这就决定了二者关系的紧密性，要远远高于他们之间的分歧。表演权市场则是另外一番景象。活跃于这个市场的，除了作者和出版者，还有商业性（专业）使用者。商业性使用者使用作品的方式，使得作者和出版者原有的复制权收入受到影响，对作者和出版者的既得利益构成一种竞争。而且他们虽然涉及面很广，但还没有集中起来，这对作者是有利的，当作者们组织起来采取集体行动的时候，作者们显然处于较强的谈判地位。另外，表演权的性质使这个权利的确很难由作者单独去实现。因此，只有在版权的范围扩展到表演权的时候，著作权集体管理模式才可能应运而生。

　　不过，第一代著作权集体管理组织诞生和推进的过程，也让我们看到了著作权集体管理组织在推动版权范围扩展方面所发挥的重要作用。在法国和德国，表演权的确立是作者的集体组织直接推动的结果。英国、美国能在版权立法中规定表演权，与法国、德国表演权协会坚持不懈地开展活动进行启蒙是分不开的。

---

　　❶　乌里奇·乌腾哈根《音乐作品的著作权行使和管理》，载国家版权局编：《著作权的管理和行使论文集》，上海译文出版社 1995 年版，第 145 页。

因此，著作权集体管理组织对于著作权扩展，并不是简单被动的承受关系，毋宁说二者是互为因果、互动共成的关系。日本学者中山信弘曾经指出：国际上之所以出现版权扩展的趋势，乃在于作者之间易于形成一种利益集团和政治势力。❶ 这个断言也是对早期著作权集体管理组织作用于版权扩展的恰如其分的总结。

作者们在不同的历史时期都为争取自身利益在版权法中得到体现而积极努力过，英国作者在 1842 年版权运动中所取得的成就足以说明这一点。其时作者阶层还未成熟，作者也还没有有效的集合，"没有现成的组织、正式的规则、没有经费、没有办公室，作者们有的只是早晚餐时间、电话和访问、信件、报纸和期刊。他们奉献出自己的时间、精力和影响，来推动版权的进程"。❷ 现在，作者们已经组织起来，通过集体行动来主张权利，推动版权范围的扩展，就成为难以避免的冲动和实际的行动。

第一节　从表演权到广播权

1920 年 11 月，当第一个商业广播电台 KDKA 在美国匹兹堡开始运营的时候，版权人对这种新的咨讯传播方式可能与版权产生的联系还浑然不觉。在 1922 年美国商业广播电台突然增至 99

---

❶ ［日］中山信弘：《多媒体与著作权》，张玉瑞译，专利文献出版社 1997 年版，第 25 页。

❷ Catherine Seville, *Literary Copyright Reform in Early Victorian England*, Cambridge University Press, 1999, p. 152.

家时，人们才意识到广播将成为最为有效的大众娱乐传媒。不过，这时广播电台也遭遇到严重的经济考验，因为运营电台的成本过于昂贵，而电台以何种方式支持运转，还未被突破。此时，美国电话电报公司（AT&T）开创的售卖广播时段的方法，获得了成功，并风行一时，成为挽救广播电台行业的良方；而且从此以后成为广播电台主要的营利方式；无线电广播的商业化时代因此宣告来临。❶

　　音乐是当时最受欢迎的电台节目。对 1927 年纽约广播的研究表明，2/3 的节目播送音乐，15% 的节目与宗教或教育有关，只有少量节目是戏剧、体育或者信息。❷ 在版权人眼里，既然广播电台已经可以营利，那么，它也应该为自己使用了版权人的作品而支付必要的费用。技术变迁改变了原有的收入分配方式，作者没有理由不去争取在新的收入流中的位置。既然作者已经有了集体行动的成功经验，向广播电台争取分食利润的努力，再一次落到表演权集体协会身上。扩展已有版权的范围，使得广播时代影响著作权人利益的行为，可以被覆盖在法律所确认的版权保护当中，这是作者争取分割新收入流的主要方式。就音乐作品而言，公开表演权是最适合被借用来孕育新权利的母体。❸ 因此，表演权组织努力的方向，就是扩大对公开表演的解释，使其能够涵盖广播时代新的使用方式。但是，在此扩张过程中，新的权利的特点也逐渐凸现，并最终脱离

---

❶　［美］迈克尔·埃默里、埃德温·埃默里，《美国新闻史——大众传播媒介解释史》，展江、殷文等译，新华出版社 2001 年版，第 311 ~ 316 页。

❷　《美国新闻史——大众传播媒介解释史》，第 320 页。

❸　Makeen, p. 33 ~ 34.

其母体，从表演权那里独立出来。

一、在封闭播放室播放音乐构成表演

在表演权刚刚确立的时候，表演权仅仅指的是"在剧院演奏戏剧音乐作品"的权利。Bourget 和他的支持者第一次把表演权的范围扩大到"在一切公共娱乐场所演奏一切音乐作品"。按照当时人们普遍接受的观念，表演是指在舞台或直接面对观众/听众再现作品，是技艺的展示；以及休闲场所的娱乐活动，比如饭店餐厅聘请乐队演奏乐曲、或用留声机播放唱盘。广播电台使用音乐的方式却不同于以往，它是在一个封闭的工作间里播放唱盘。这种情形是否属于表演音乐的范畴？法律的规定语焉不详，解释表演的任务就落到法院头上。最早的案例出现在美国，是 1924 年的 Jerome H. Remick and Co. v. American Automobile Accessories Co. 案。联邦地区法院在审理此案时采取了狭义解释，认为只有在公众面前再现作品才构成表演；广播电台在播放室播放音乐作品，不允许公众进入播放室，即使允许，公众也无法进入播放室听到音乐；因此不构成公开表演。上诉法院的观点与此相反，认为是否公开传播与听众是否聚集在公共场所无关，"无线广播的目的是（并且实际上也在）使播放室的音乐表演即时传送到为数众多的公众，这个数量比以往任何表演媒体所能传到的都要多"。❶ 因此，在广播电台封闭的播放间播放音乐，是向公众传播作品的表演，构成公开表演。这个法院的判决对拓展表演权的范围非常重要，它确立了这样的标准：任何向地理上分散的人们传输音乐作品都是被禁止的行为，需要得到版权人的同意。这个标

---

❶　5 Fed. 2d 411 ［1925］ p. 414；转引自 Makeen，p. 37.

准也很快得到英国和法国法院的确认。著作权人扩展表演权的第一步获得了成功。

二、一次演奏/多次表演原则

但是，广播组织很快就不满足于在封闭的播放室里播放唱盘，他们开始尝试建立开放式录音棚，自己组织乐队演奏，同时对该表演进行现场直播。英国表演权协会（PRS）在 1923 年与英国广播公司（BBC）达成许可协议，收取音乐作品表演权使用费。20 世纪 20 年代末 BBC 试图在开放式录音棚安排表演时，PRS 认为这没有被包含在 BBC 获得的许可中。

从经济的角度说，这些表演对 PRS 并不是很重要，因为当时 PRS 的会员还比较少，管理的音乐作品也不多，BBC 用 PRS 会员的作品进行现场表演的情况也并非常态。然而作为一项策略，对 PRS 来说却具有根本的重要性。PRS 迫切希望确立"一次演奏可能导致多个公开表演"的原则。于是，在谈判续订 1929 年的许可协议时，PRS 坚持区分两种不同的公开表演：广播以及在公开场所表演音乐作品；前者是主许可协议的惟一客体，而对后者签订补充协议，许可费按照 PRS 的常规许可费率来确定。❶

BBC 完全接受主许可协议只覆盖广播的看法。它也有条件地同意，如果一个公开表演在一个非授权的场所进行，由其组织的不用来广播的公开表演要服从补充协议缴纳普通费率的主张。但是，BBC 拒绝了要求对同一个表演付两次费的主张（一次为现场表演，一次为广播现场表演）。它反驳道，如果现场表演及对其

---

❶　常规许可费率指 PRS 与其他非 BBC 用户签订的许可费标准。BBC 享有了一定的优惠政策。

广播都是由 BBC 组织或许可的，那么这两个表演都应该被覆盖在主许可合同之内。经过艰苦的谈判后，双方达成妥协。PRS 接受了 BBC 的意见，对现场表演以及广播现场表演都是由 BBC 组织的情况，只收取一次表演权费。BBC 也在补充协议上签字，同意 PRS 对现场表演和广播现场表演分别收取许可费。❶

　　这样，根据这项协议，PRS 将会对同一个演奏收取两次费用，一次从公开表演场所的业主那儿，另一次从广播了该表演的 BBC 那里。这个安排就其自身而言，对 PRS 意义非凡。BBC 在补充协议上的签字构成了一个默认，即广播成为与现场表演完全不同的另一种公开表演。这种默认，还有其他重要意义：首先，它阻止了 BBC 依赖表演场所业主所获得的许可来覆盖其广播行为；其次，这种安排给各种表演场所的业主发送了一个明确的信号，即依赖 BBC 获得的广播许可不能使他们免除对 PRS 的侵权责任，从 PRS 那里获得独立的许可是不可避免的，公开表演与对其广播构成两个独立的公开表演。❷

　　一次演奏/多次表演原则的确立，为广播权从表演权中独立出来，奠定了基础。广播权是借着表演权这个母体孕育发展起来的。借助对表演的扩大解释，广播电台在封闭式的播放室内播放音乐构成公开表演，落入了版权人的权利范围；而后，经过 PRS、SACEM 等表演权组织确立一次演奏/多次表演原则的努力，广播被明确区别于现场表演，具备了从公开表演权中独

---

　　❶　http：//www. bbc. co. uk/heritage/story/history_ text. shtml，最后访问时间：12/20/2008.

　　❷　Makeen Fouad Makeen，*Copyright in a Global Information Society*，Kluwer Law International，2000，pp. 50～54.

立出来的条件。

三、公开接收广播构成一种独立的公开表演

早期的无线电接收设备是晶体收音机或"猫须"（cat's whisker）设备，人们必须借助耳机才能听到广播；在有了扩音器和电池驱动的收音机之后，广播所能到达的地方才大量铺展。❶在收音机普及之前，公众用户（指使用音乐具有非私人、非家庭性质的用户）或者需要购买乐谱请乐队演奏音乐作品，或者要买留声机唱片，两种情况下他们都应为利用了公开表演权而支付许可费。收音机的普及改变了利用音乐的方式。1926 年，英国 BBC 的无线电许可用户已经达到 200 万个，到 1930 年前后，收音机用户的数量则又增至 300 万个。❷大量旅馆、咖啡馆等公共用户，纷纷利用收音机和扩音设备，播放广播电台的节目，其中主要是音乐节目。音乐作者认为，收音机允许公共用户用广播取悦其顾客，而既不需获得作者的事先许可也不必为这种新的使用支付相应的补偿；作者作曲者因此承受了巨大的损失，因为旅馆咖啡厅之类的公共用户使用音乐广播，留声机唱片和乐谱的销售已经大幅下降。

1929 年，美国作曲者开始尝试打开新的可以增加收入的领域，ASCAP 主席 Buck 身先士卒，发动了 Buck v. Debaum 案。Buck 许可广播电台广播他的一首乐曲，这首乐曲通过广播被一家

---

❶　http：//www.bbc.co.uk/heritage/story/history_text.shtml，最后访问时间：12/20/2008.

❷　Cyril Ehrlich, *Harmonious Alliance*：*A History of the Performing Right Society*, New York：Oxford University Press，1989，p.75.

位于洛杉矶的咖啡馆 Debuam 接收，咖啡馆里的顾客因此能够收听到该乐曲和其他的广播节目。原告认为被告的行为构成对其表演权的侵犯，但没有得到法院的支持。法院的理由是：作曲者给予广播电台的授权表演许可，应当认为包含了许可公众进行收听的意思；其次，如果认定版权人可以控制作品的进一步利用，公众将几乎没有选择的余地，他们要么收听广播构成侵权，要么为避免侵权而关掉收音机，这会使广播技术丧失其社会意义。❶

ASCAP 对这个判决感到失望，开始采取措施进行自我救济。针对法院判决的第一个理由，他们在与广播组织签订新的许可广播协议时加入了一个条款，把许可广播协议所覆盖的范围明确限定为家庭性、私人性的用户，禁止公共用户接收广播。这个做法与同时期英国 PRS 的策略不谋而合。PRS 经过长时间与 BBC 谈判，也成功地把公共用户从与 BBC 的许可协议中剔除出去。❷ 这样，集体管理组织就可以独自处理与公共用户的权利关系和许可协议。广播组织同意放弃对公共用户的分许可，原因在于广播组织不能控制公共用户再次传播被广播的音乐的程度和范围。权利人认为他们许可给广播组织的表演权，以及为此谈判确定的表演权使用费，是以私人用户为基础的。❸ 公共用户进一步使用了被广播的音乐，使用的范围和程度都远远超过一般意义上的私人使用，使得版权人对传播自己的音乐失去控制，因此应当获得版权

---

❶　40 F. 2d 734 ［S. D. Cal. 1929］, 转引自 Makeen p. 43.

❷　Makeen, p. 55.

❸　私人家庭用户的数目尽管难以精确计算，但根据相关部门比如邮局对收音机用户的许可登记或收音机的销售数量，可以有一个比较确定的估算。对版权人来说，这个范围还是可控的。http：//news. bbc. co. uk/2/hi/entertainment/1231593. stm，最后访问时间：12/20/2008.

人的许可。

版权人要实现这点，还是需要从法律上扩展表演权的范围，把公共接收广播也纳入公开表演的范围。为此，ASCAP 主席发起了第二个针对公共用户的诉讼。这就是 Buck v. Jewell La Salle Realty Company 一案。● 该案的基本要素与 Buck v. Debaum 案颇为相似，不同的是接收广播信号的旅馆所安装的设备，比咖啡馆的要复杂一些，它拥有一个主无线电接收设备，该设备把接收来的信号又通过电线传送到旅馆大厅以及各个客房。正是这个因素，使得最高法院最终确认：旅馆通过安装在旅馆内的、由旅馆控制的接收设备和扬声器，使其顾客可以收听到从广播电台播放的受版权保护的音乐，这种行为构成美国 1909 年版权法上的表演。❷ 在美国一直没有得到确认的一次演奏/多次表演的原则，也在最高法院的此次判决中得到确认。

ASCAP 在此案中获得了胜利，不过，美国最高法院在确立这个原则时对接收广播构成表演的分析，还不够清晰。❸ 英国法院在 PRS v. Hammond's Bradford Brewery Co. 一案中对此作了更为充分的分析，使版权人的权利诉求更加具有正当性。❹ 此案中，一首在电影院被演奏并被 BBC 广播的音乐作品，通过无线设备连接到扬声器中被播放给一个旅馆的客人听。PRS 起诉旅馆业主侵犯了其公开表演权。审理此案的 Maugham 法官认为安装扬声器

● 283 U. S. 191 ［1931］.

❷ Buck v. Jewell La Salle Realty Company, 283 U. S. 191 ［1931］, p. 196.

❸ Makeen, p. 46.

❹ Cyril Ehrlich, *Harmonious Alliance：A History of the Performing Right Society*, New York：Oxford University Press, 1989, p. 69.

（loudspeaker）与仅仅是利用扩音设备（magnifying device）使远程声音可以听见并不一样，扬声器是翻译设备，它把不可听的电磁波转换成可以被人类耳朵听到的声波。这与使用带有扬声器的留声机设备公开播放音乐作品的方式是一样的，虽然二者使用了不同的技术手段，但属于同一个概念。通过留声机播放音乐与使用收听设备及扬声器播放广播，都是通过机械设备播放音乐娱乐顾客。既然前者构成公开表演，接收电台广播并用扬声器使公众可以听到，毫无疑问也构成公开表演。❶

四、广播权的国际确认

在著作权集体管理协会努力之下确立的广播时代新的表演权原则，使得广播这种新的传播方式，被完整地囊括在版权保护范围之中。但是这些新原则的确立，也为广播权的独立奠定了基础。对在封闭性的广播室播放广播的性质的认定，是将广播行为纳入版权保护范围的第一步，从此以后作者可以控制广播作品的行为，而这种行为是广播还是表演其实并非关键所在；接着，一次演奏/多次表演的原则，则使广播电台的广播行为被明确地区别于现场公开表演行为，著作权集体管理组织争取这个原则的本意，是使著作权人的许可尽量细化，各许可之间不致重叠对冲，使许可的效力铺展到一切可能的行为。但是甄别区分时所特意强调的不同行为之间的个性，使广播独立于表演的趋势已经初见端倪。当公共用户接收广播娱乐顾客的行为，也构成不同于现场表演、电台广播的行为时，整个从播放到重播再到接收的广播过程，都被涵盖于表演之下，又被区别于表演。广播权的独立，也

---

❶　［1934］Ch. 121，转引自 Makeen，p. 56.

只是时间和技术的问题了。

英国、美国、法国等国家国内的版权扩展实践，同步地反映到国际版权立法活动中。1922 年成立的国际无线电报委员会，在 1925 年与雨果发起设立的国际文学艺术协会（ALAI）共同发起倡议，希望 1928 年伯尔尼修改会议能够考虑将《伯尔尼公约》（1908 年柏林文本）规定的知识产权，适用于通过各种传输形式传播作品的行为。这是"作者寻求通过广播利用其作品的排他性权利的国际运动的第一步"。❶ 经过 3 年的讨论，《伯尔尼公约》（1928 年罗马文本）专门在第 11 条之二❷规定了广播权：文学艺术作品的作者应享有授权通过无线电传播把作品传播给公众的专有权利，❸ 这是国际版权立法中第一次规定广播权。由于各国司法实践和版权立法中实际上都没有明确使用过广播权的概念，这项来源于各国版权实践的权利，某种意义上对各国来说也是新鲜之物。❹ 在修改《伯尔尼公约》会议进行过程中，法国和意大利

---

❶ Makeen, p. 67.

❷ 1886 年《伯尔尼公约》缔结时，在第 9 条规定根据国民待遇原则处理戏剧音乐作品和非戏剧音乐作品的表演权问题；1908 年柏林文本第 11 条修改了原第 9 条关于国民待遇原则的规定，直接确认音乐作品的作者享有公开表演权；1928 年《伯尔尼公约》柏林文本保留了原 11 条，并在其后增加了 11 条之二，规定了广播权，从中也可以看出广播权与表演权的亲缘关系。

❸ *bis*：（1）Authors of literary and artistic works shall enjoy the exclusive right of authorizing the communication of their works to the public by radio diffusion. 转引自 Makeen, p. 69.

❹ 在遵守了公约的义务、保证公约规定的权利的效力之外，各国可以自行决定采取何种立法形式保护公约所规定的权利，这是公约允许的。英国在后来的立法中规定了广播权，美国和法国则依旧把广播权置于广义的表演权之下。

的代表曾希望把电视传播与无线电广播一起规定到公约新文本当中，但由于当时电视还在实验当中，最终没有被公约规定。不过，电视传播与无线电台广播，只是传播的内容有所不同（前者不仅传播声音还传播画面，后者仅传播声音）；除此之外，二者无论从技术上看，还是从传播的最终效果来看，都极其近似。因此，广播权的设立对解决由电视传播以及其他传播方式所带来的版权问题，都将产生示范效应。诚如 Makeen 所言："就版权而言，广播是允许作品被没有集中在同一个地点的许多观众或听众所享用的第一个技术。随之而来的是更为复杂的技术，不仅允许空间上的分散，也允许时间上的分散，比如，可以自己选择时间来享用作品。各国版权法解决广播的方式，对其解决更为复杂的诸如卫星传播、有线传输、电脑网络传播等技术的方式，有着重要的影响。"❶

20 年后，不仅电视被包括到广播权当中，专业机构转播与扩音器播放也被明确地写入广播权的条款当中。此即《伯尔尼公约》（1948 年布鲁塞尔文本）第 11 条之二第 1 款的规定：

文学和艺术作品的作者享有下列专有权利：（i）授权广播其作品或以其他任何无线传送符号、声音或图像的方法向公众传播其作品；（ii）授权由原广播机构以外的另一机构通过有线或无线的方式向公众传播广播的作品；（iii）授权通过扩音器或其他任

---

❶　Makeen，p. 29.

何传送符号、声音或图像的类似工具向公众传播广播的作品。❶

至此，著作权集体管理组织所进行的扩大表演权的努力，结出了广播权这个奇花异果；又通过《伯尔尼公约》这个国际版权的基础文件，成为世界范围内作者所享有的一项重要权利。广播权在历史上源自公开表演权的这个事实，对我们理解《伯尔尼公约》各个时代文本的变化以及《世界版权条约》（WCT）等国际版权立法对广播权的规定，有着不可忽略的意义。❷ 我国现有立

---

❶ 其英文原文为：authors of literary and artistic works shall have the exclusive right of authorizing（i）the radio diffusion of their works or the communication thereof to the public by any other means of wireless of signs, sounds or images；（ii）any communication to the public, whether over wires or not, of the radio-diffusion of the work, when this communication is made by a body other than the original one；（iii）the communication to the public by loudspeakers or any other similar instrument transmitting, by signs, sounds or images, the radio-diffusion of the work.

❷ 从今天我们对"表演"和"广播"所下的定义来看，广播似乎与所谓的"机械表演"更加接近。然而从广播权的发展来看，广播权的确是脱胎于公开表演权的，这不仅证诸上文的分析，也可从机械表演在版权立法历史上的历程得以反证。机械表演第一次被规定在立法中，是《伯尔尼公约》（1908 年柏林文本）。该文本第 13 条授予音乐作品的作者以机械权利，包括机械复制权和机械表演权；《伯尔尼公约》（1967 年斯德哥尔摩文本）对该条进行分解，机械复制权被涵盖到第 9 条规定的一般复制权中；而机械表演权被包含到第 11 条规定的公开表演权当中。机械表演权的设立，是针对当时正在兴起的机械音乐装置（最常见的是音乐盒），它的含义比较单一，指的是利用机械音乐装置播放音乐。广播的情况非常复杂，内涵更具弹性的公开表演权能够包容广播的复杂性和扩张性。因此，各国表演权集体管理组织都对公开表演权予以扩展以涵盖广播的内容。反应到国际版权立法上也是如此，1928 年广播权就是被规定在《伯尔尼公约》第 11 条之二，机械表演权则一直被规定到第 13 条；直至 1967 年与一般表演权合而为一。此时，广播权已经脱离表演权，朝着更为丰富复杂的"向公众传播权"发展。

法对广播权的规定，被许多人认为不够周全，其中最受诟病的一点，就是我国立法没有理解《伯尔尼公约》第 11 条及 11 条之二以及《世界版权条约》第 8 条的完整含义，生搬条文字义，造成国内立法与国际条约脱节，法律规定与生活实践的疏离。❶

广播权脱胎于表演权的历史过程，也让我们对著作权集体管理组织在版权扩展过程中所起的作用有了直观并且更加深刻的了解。版权的扩展实际上反映了版权人与使用人斗争的结果，是双方为争取在新技术带来的新收入流中的份额而进行的博弈，毕竟权利的配置经常是一种利益的妥协。著作权集体管理组织作为权利人的集合体和代表，直接组织并参与与使用者团体的谈判和斗争，导演了版权扩展的进程。为权利人拓宽权利保护的范围，争取利益的最大化，始终是这个历史阶段版权集体管理组织的首要使命。因此，我们就不难理解，为什么表演权集体管理组织在价值追求上绝非中立无偏，它并非著作权人和使用者的中介，而始终是著作权人利益的守护者；它也不是毫无个性的单纯的报酬收集机构，仅仅充当权利人的收入中转站。至少，著作权集体管理组织的早期发展及活动已经揭示了这一点。

---

❶ 对我国著作权法中广播权的规定提出批评的文章为数不少，其中具有代表性的有：王迁："我国《著作权法》中'广播权'与'信息网络传播权'的重构"，载《重庆工学院学报（社会科学）》2008 年第 9 期，第 27 ~ 32 页；万勇，"中国著作权法的表演权"，载《电子知识产权》，2007 年第 6 期，第 18 ~ 22 页。

第二节 从公开场所到私人空间

一、公共领域兴起对音乐作品使用方式的影响

哈贝马斯曾经这样描述公共领域的形成过程：

> 资产阶级公共领域是一种特殊的历史形态，它尽管与其在意大利文艺复兴时期城市中的前身有某些相似之处，但它最先是在 17、18 世纪的英格兰和法国出现的，随后与现代民族国家一起传遍 19 世纪的欧洲和美国。其最突出的特征，是在阅读日报或周刊、月刊评论的私人当中，形成一个松散但开放和弹性的交往网络。通过私人社团和常常是学术协会、阅读小组、共济会、宗教社团这种机构的核心，他们自发聚集在一起。剧院、博物馆、音乐厅以及咖啡馆、茶室、沙龙等为娱乐和对话提供了一种公共空间，这些早期的公共领域逐渐沿着社会的维度延伸，并且在话题方面也越来越无所不包：聚焦点由艺术和文艺转到了政治。❶

19 世纪法国公开表演权的保护范围扩展到音乐作品，与公共领域的存在和发展有着密切的关联。在近代公开空间和公共领域

---

❶ J. 哈贝马斯："关于公共领域问题的问答"，载《社会学研究》1999 年第 3 期，第 37 ~ 38 页。

形成之前，阅读和音乐欣赏主要都是私人活动，在较为封闭的私人场所进行。就音乐作品而言，在 18 世纪中期之前，主要还是在家庭内部由家庭成员演奏，是家庭娱乐活动的中心。家庭通过购买乐谱回报了乐曲作者，构成音乐作品市场的良性循环。公开空间和公共领域的出现，打破了这个循环。在公共娱乐场所，对一份乐谱的演奏，可以同时间娱乐数量众多的受众。SACEM 创始人诉讼的对象，就是这样一个在当时的巴黎赫赫有名的公共场所：咖啡馆。音乐作品与文学作品一样，为表达的多元性提供了宽泛的空间，为民主自由的公共领域的构建作出了贡献。[1] 然而，早期公共领域的延伸以及公共娱乐方式的增加，使得以家庭为中心的自我娱乐方式逐渐式微；就音乐作品而言，直接的影响是家庭钢琴的拥有量不再增加，更为明显的则是乐谱销量的下降。[2] 从销售乐谱那里获取的补偿已经不能够支持作者们继续创作，那么，从自身已经贡献了力量的公共领域收取回报，也是合乎历史和市场的逻辑的，何况组成公共空间的其他部分已经在获得回报，如饭店、咖啡馆以及电影院。在公共领域跑马圈地的任务，同样由早期的表演权集体管理组织来完成。

二、划分公共领域与私人空间的界限

在公共领域之外，还存在私人空间，二者共同构成人类社会

---

[1] 特雷莎·斯卡萨："利益平衡"，载［加］迈克尔·盖斯特主编：《为了公共利益——加拿大版权法的未来》，李静译，知识产权出版社 2008 年版，第 23～39 页。李雨峰，"版权扩张：一种合法性的反思"，《现代法学》第 23 卷第 5 期，第 55～63 页。

[2] Cyril Ehrlich, *Harmonious Alliance*: *A History of the Performing Right Society*, New York: Oxford University Press, 1989, p. 5.

活动的主要场所。表演权集体管理组织首先需要确定的，是公共场所与私人空间的界限，这样才可以确定表演权收费的范围。由于早期的立法没有具体规定，对公共场所与私人空间之界限的划分，就由表演权组织通过法院来进行。

　　法国是最早在法律上对公共场所与私人空间进行区分的国家。1791 年立法虽把公开表演限定在"公共剧院"，但该规定在 1848 年 Bourget 诉巴黎咖啡馆的案件中被突破，并很快就被扩大到一般意义上的所有公共场所。1880 年前后，法国的上诉法庭开始从私人空间的角度来判断公共场所的范围。在这个时期的司法判决中，私人空间被界定在比较狭窄的范围内，仅限于固定的社团（society）。面向社团成员的表演构成私人表演，落在 1791 年法令的保护范围之外；如果允许社团之外的人，哪怕是社团成员的家庭或朋友，进入演出现场接触到表演，就构成公开表演。理由是社团之外的人彼此之间，与社团成员之间并没有紧密的、已形成惯常的联系（relation habituelle），这种关系，实际上就是住在同一屋顶下的人之间长期形成的关系，更确切地说，就是家庭关系/固定社团成员之间的关系。❶ 私人空间的范围仅限于家庭/社团，而不延展至家庭的朋友和其他社交关系；在此之外进行的表演，都属于公开表演，落入法律保护的范围。20 世纪之初，法国上诉法院一度在司法判决中扩大了私人空间的范围，把家庭/特定团体在表演前确定的客人包括在内。然而，SACEM 对此深感忧虑，认为私人空间越大，权利人可以收到的许可费越少，因此展开游说活动。❷ 在 1927 年以后的判决书中，上诉法庭开始严格

---

❶　Makeen, p. 60.

❷　Makeen, p. 61.

界定私人空间，重新运用了早期的判断标准：私人空间是指成员之间具有长期紧密关系的某集合体，在这个集合体内面向成员的表演，不构成公开表演。

有了法国上诉法庭对公共场所和私人空间所划定的这条界线，SACEM 可以比较轻松地将广播电台广播音乐的行为纳入公开表演。在 1927～1935 年由 SACEM 发起的针对广播电台的诉讼中，法庭不断强化广播构成"公开"表演这个结论：音乐广播节目的听众没有聚集在同一个公共场所，比如咖啡馆和剧院，相反，他们在自己的家里，各自拥有收听设备，独自享用广播节目，看起来广播行为似乎可以落入私人空间；然而，这些听众除了在同一时间收听了相同的广播节目之外，没有任何共同之处，相互之间没有那种紧密的、已经成为惯常的联系，因此广播构成公开表演。❶

英国上诉法院曾经试图对公共场所与私人空间作更为全面的界定，并在 Harms Inc. Ltd. and Chappell v. Martans Club Ltd. 案中，为判断公开性列出了五个需要考察的要素。在这个案件中，俱乐部未经版权人同意，表演了一台音乐剧，当时观众有 200 人，其中 150 人为俱乐部会员，50 名为俱乐部或其会员请来的客人。法庭在审理过程中考察了以下几个要素，来划定公开与非公开的界限：首先是对作者造成经济损害，允许观众接近表演会影响作者的经济利益，如果这个表演发生在其他场所，公众可能会买票入场；其次是营利性，如果"侵权者"具有营利的目的，那么毫无疑问这构成公开表演；第三是公众是否可以进入表演场所，如果不特定的公众可以进入表演场所接触表演，就构成公开表演；第

---

❶　Makeen, pp. 61～62.

四是表演的性质，如果表演是在家庭内部为同居在一家的人而进行的，则构成私人表演；最后是表演场所的性质，表演场所是开放式的娱乐场所，还是比较封闭的社团活动场所，对判断是否构成公开表演也有影响。❶ 不过，在后来的判决❷中，英国法院逐渐把判断公开性的标准集中在受众的性质上，即受众之间的联系是否足够紧密和经常，使得他们能够构成家庭圈子或家庭生活部分。这个标准与法国法院确定的标准已趋一致。

就这样，通过划分公共场所与私人空间的界限，尤其是圈定私人空间以后，表演权组织得以在比较广阔的公共领域为其会员主张权利。

第三节　私权消解公共利益抗辩

一、PRS v. Gillette：公共利益？

20 世纪 30 年代，美国的工业社会学者认为背景音乐可以提高工人的生产能力：音乐可以抵抗枯燥劳动产生的疲乏；社会学者还发展出一套理论，论证不同的工作需要不同形式的音乐，如军乐适合重工业和老工人，舞曲适合轻工业领域的重复劳动以及

---

❶　Harms Inc. Ltd. and Chappell v. Martans Club Ltd.，［1926］Ch. 870，转引自 Makeen，p. 48.

❷　Jennings v. Stephens，［1936］1 Ch. 469，转引自 Makeen p. 49.

妇女和年轻人。❶ 这种观念对在战争年代发展经济有着巨大的吸引力，因此迅速得到强大的支持；英国航空产品部（Ministry of Aircraft Production）的官员以及劳工部（Ministry of Labour）的部长，就是热情的倡议者。❷ 英国广播公司 BBC 很快作出反应，在 1940 年 7 月开播专门针对工人的音乐节目"边听边做"（Music While You Work），到 10 月份这档于每日上午 10：30 播出的音乐节目，即拥有 350 万听众。1943 年，将近 7 000 家大工厂和不计其数的小工场每天为其雇员播放每时段半个小时共三个时段的音乐广播节目；这个数字在第二次世界大战接近尾声时达到 9 000 家，共约 500 万工人收听了这个节目。❸

由于表演权的范围已经扩展到可以涵盖"广播"及"公开接收广播以再次传播"，所以，当 PRS 提出许可费主张时，大部分工厂都同意按照 PRS 所定的暂时较低的许可费标准支付音乐使用费，但也有许多工厂拒绝支付使用费。PRS 虽然担心诉讼会激起战争年代公众的紧张反应，但工厂这种史无前例的系统性、连续性使用音乐的行为，其性质的确定对表演权协会的意义不言而喻。因此 1942 年 PRS 还是试探性地将一家没有缴纳使用费的工厂（Gillette Industries Ltd.）告上法庭，控告其未经许可再传播了受版权保护的音乐作品。Gillette 是一家生产军需品的工厂，其时拥有 1 100 名工人，大部分工人都听过"边听边做"节目。

---

❶　Asa Briggs, *The History of Broadcasting in the United States*, vol iii. The War of Words（1970），p. 576.

❷　http：//www. bbc. co. uk/heritage/story/history_ text. shtml，最后访问时间：12/20/2008.

❸　Cyril Ehrlich, *Harmonious Alliance*：*A History of the Performing Right Society*, New York：Oxford University Press，1989，p. 92.

Gillette 用来抗辩的最为重要的理由，是工厂的生产是为了战时的国家利益：国家处于战争之中，迫切需要工厂提供更多的军需品以保护王国的利益，继续进行的战争需要有充足的给养才能保证胜利。PRS 也承认，这是一个特殊的时期，生产军需品的人们需要支持，"边听边做"这个音乐节目也正是服务于这个目的；但是 PRS 也抗辩到，既然为军工厂和军队提供面包、报纸的商家并不是免费提供这类服务，就没有理由单独要求音乐作者放弃报酬。PRS 最终说服了高等法院的法官，拒绝了 Gillette 的抗辩主张。法官坚持了版权人应当就作品被使用而获得报酬的原则，并且认为，即便音乐作品被使用在很大程度上是为了公共利益，作者也应当得到回报。❶

二、表演权中的私权与公益之争

Gillette 案对 PRS 具有非同寻常的意义。虽然在历史上，版权（最初主要是复制权）的确立过程充斥着"私权"与"公益"之争，❷ 但音乐作品表演权自产生以来却较少受到来自公共利益支持者的反对。表演权集体管理组织在法国和英国等国也受到质疑，但反对者主要是专业使用者，反对理由也集中在表演权集体管理组织可能滥用其垄断地位而影响使用者的利益。比较明确地

---

❶ PRS v. Gillette Industries Ltd. and Ernest Tuner Electrical Industries Ltd. v. PRS. See PRS Emergency Bulletin, Feb. 1943, pp. 53 ~ 8; and Apr. 1943, pp. 61 ~ 7. Cyril Ehrilch, pp. 92 ~ 98.

❷ 在早期版权的确立过程中，反对者的普遍而且重要的理由是，给予作者垄断作品的权利，有碍于知识的传播和人类智识的提高。然而支持版权的人认为，给予作者适当的权利可以激励创作，恰恰有益于社会文化的丰富和提高。双方的论争其实到现在也没有停止。

要求为保护公共利益而对表演权进行限制的，是 1928 年《伯尔尼公约》罗马会议上澳大利亚等国的代表。当时法国和意大利的代表希望在新的公约文本中明确作者享有不受任何限制的广播权，澳大利亚、新西兰等国的代表则持不同的观点。他们把无线电广播视为服务教育及文化发展政策的手段，不希望无线电广播在教育和社会文化方面的功能受到《伯尔尼公约》新文本的束缚。他们担心没有任何限制的广播权，会使得表演权集体管理组织已有的垄断力量进一步扩张，阻碍为教育和文化目的而使用音乐作品。最终，罗马会议采取折中的方式，在新文本设立了第 11 条之二，其中第二款允许各国根据情况对行使广播权的条件进行限制，即"强制许可"条款。❶ 但是法国和英国一直没有在立法中引入强制许可制度。法国由于其作者中心的一贯立场，很难接受对作者权利的限制；英国没有接受为公共利益而限制版权的观念，个中原因也许部分地由 Gillette 案予以解释，即不应由作者来承担为公共利益支出的成本。英国产品部（Ministry of Production）的行动也为该案的判决下了很好的注解：1943 年，该部与 PRS 签订协议，由政府为战争期间工厂使用背景音乐的行为买单，每年支付 25 000 英镑的使用费直到战争结束。❷ 通过 Gillette 案，PRS 成功地减少了公共利益要素的干扰，为表演权的实现规划了比较广阔的天地。英国表演权协会此后在快速发展中来自公共利益方面的阻力越来越小。其他版权集体管理协会的诞生和顺利发展也部分地得益于此。

---

❶ Makeen, pp. 68 ~ 69.

❷ Cyril Ehrlich, *Harmonious Alliance: A History of the Performing Right Society*, New York: Oxford University Press, 1989, p. 98.

三、表演权的新基础与表演权协会的新领地

表演权确立的时候，是以获得市场补偿为理由的。娱乐场所演奏或播放音乐对作品既有市场造成影响，可能使作者从乐谱或唱片获得的收入减少，因此应当对作者进行补偿。这也是版权集体管理组织以及版权人最常用的争取权利的武器。然而工厂播放音乐广播节目需要付费，却不是建立在这样的逻辑上。工厂与完全开放的娱乐场所和娱乐组织不同。人们认为，在完全封闭的家庭与完全开放的场所（如电影院❶、咖啡馆、饭店、餐馆）之间，还存在着半公开的空间；它的成员组成比家庭要复杂，人数众多，成员之间的关系没有家庭成员那样稳固长久，然而它也并不面向不特定的多数人，成员的加入要遵守既定的规则，相互之间也有比较稳定的联系，流动性不高。这通常指的是各种俱乐部、工厂之类的共同体。对半公开空间而言，娱乐消遣并非其主要的功能或目的，音乐等娱乐产品也不构成半公开空间的必须部分，因此它们不是娱乐产品的主要使用者。电影院、咖啡馆以及广播电台是大众娱乐的主要场所或媒介，音乐等娱乐产品是其中不可

---

❶ 20 世纪 20 年代电影院使用音乐的方式，是在放映电影时安排现场演奏作为背景音乐，使人们在观看无声电影时不至于过于单调沉闷。当时大大小小的电影院都有规模各异的现场演奏背景音乐的活动，对音乐的需求量达到第一个高峰，表演权组织早期艰难的维权过程因此有了第一次回报。Cyril Ehrlich, pp. 35 ~ 38.

缺少的要素，❶ 它们对音乐的使用，是消遣娱乐行业的专业性使用。就对版权人的利益所造成的影响来说，完全开放的消遣娱乐场所对音乐的使用是最为重要的，就功能上的相似而言，娱乐场所播放音乐作品，是对版权人作品的竞争性使用。按照原先的补偿理论，工厂这样的半开放空间，即便播放音乐，也不影响版权作品的旧有市场，因此可以免予收费。

PRS 通过 Gillette 案，悄然确立了一个新的主张权利的基础：只要使用音乐，就应当支付使用费，无论使用是在什么样的场所，基于什么样的目的。工厂这样的不同于娱乐休闲场所的半开放空间，也落入了表演权保护的范围。Gillette 案的判决对 PRS 所管理的音乐的使用者，有着重要的示范意义。因此，到 20 世纪 60 年代中期，表演权集体管理组织的音乐许可领域已经拓展到一切可能的领域：舞厅、电影院、剧院、音乐厅、旅馆、饭店、咖啡馆、俱乐部、马戏团、乡镇礼堂、工厂、办公室、商店、溜冰场、博览会、足球场、拱廊市场、展览厅、游泳池、游戏跑道、保龄球馆、邮政马车、公共汽车、轮船、火车、飞机、公园、赌场以及一切可能使用音乐的休闲或非休闲场所。❷

---

❶ 著名的霍姆斯大法官在为美国 ASCAP 首任主席 Herbert 诉 Shanley's 餐厅议案所写的判决书中指出，音乐是餐馆提供的服务的一部分。Paul Goldstein, *Copyright's Highway*: *From Gutenberg to the Celestial Jukebox*, Stanford University Press, 2003, pp. 55~57.

❷ Cyril Ehrlich, *Harmonious Alliance*: *A History of the Performing Right Society*, New York: Oxford University Press, 1989, p. 131.

第四节　本章小结

从权利的运行过程来看，一项权利之存在，不仅要经由权威机构的设定，落实到权利人手中由其支配；还要追及权利人实现权利的方式和途径；权利通过行使、实现而具有完整的意义。著作权的行使方式，受到著作权内容及基本制度的深刻制约。但是我们很少意识到，似乎是处于这个过程末端的权利行使与实现方式会对权利本身产生什么样的影响。从著作权集体管理组织对著作权扩展的推动作用来看，权利行使的方式其实也在深刻地影响着人们对待权利的态度，进而深刻影响著作权的发展。其中情状，正如康德所说：叶无疑是树的产物，但是反过来，叶也维持树。以往人们对著作权的研究，主要侧重从此项权利的产生、内涵、系统、分配等方面来进行，而较少从权利的行使角度来分析。从著作权集体管理组织推动版权扩展的这个历史切片，透视著作权范围的扩展、著作权诸权利的非体系化、著作权受到的限制等问题，一定会有新的理解和发现。

从尚处于发展爬升阶段的集体管理组织来看，其一系列推动版权扩展的诉讼行动和游说活动以及其他各种努力，无疑提高了作者的地位，争取和维护了作者的经济利益。这是表演权集体管理组织的第一个黄金阶段。以英国表演权协会为例：会员在增加，原先退出的会员也重新加入进来；广播用户的增长超过预期，收取的使用费在逐年增加，可分配给作者和版权人的部分也在不断扩大；表演权集体管理协会的内部管理手段和技术也在改善，甚至使用了在当时还非常昂贵的电子数据分析系统来提高统计的速度和精度，增加分发使用费的次数。[1]

然而，新的问题接踵而至。

---

[1] Cyril Ehrlich, *Harmonious Alliance：A History of the Performing Right Society*，New York：Oxford University Press，1989，pp. 59 ~ 80.

第四章

著作权集体管理组织
受到反垄断规制

表演权集体管理组织诞生之时，作者的地位还是很低的，饥饿艺术家的形象深入人心。技术的发展促进讯息的发达，作为讯息的创造者，作者的社会地位和经济地位在逐渐提高。著作权集体管理组织在与使用者的谈判过程中，也逐渐显出优势。然而权利人及表演权组织扩展著作权的努力，令社会生活中的其他组成部分感到不安。版权法律授予作者复制、表演以及广播等权，已经是给予作者在一定期限内垄断对作品利用的权利。在崇尚自由竞争经济的英美各国，垄断是罪恶和不必要的。但是，为了实现社会文化目标，给予作者一定的垄断权利以增进文化产品的产出，是必要的和可以容忍的。现在，表演权集体管理组织把作者的表演权集中在一起，集体定价集体许可，并且只提供一揽子许可形式，无异于双重垄断。因此自表演权组织诞生之时起，公众以及政府对表演权组织的活动就一直心怀疑虑；在表演权组织踌躇满志地开拓新的领域的同时，各方也在寻找合适的方式来对表演权组织的力量予以制衡。

在 20 世纪 30～40 年代，人们对于表演权组织的垄断性质，虽然一直反感、警惕，但总体来说还是认可和容忍的；这一点从英美两国对表演权组织采取的政策上可以清楚地看出来。这是因为，在一个多世纪以前的环境下，表演权协会的兴起，是因为个人管理版权常常不实际或至少不经济，集体管理是许可、控制和行使版权最有效的方式；这是一个被广为接受的观念。在这个论断的背后，其实有这样一个思想，即原则上版权集体许可，尤其是表演权许可的市场会产生自然垄断。根据早期自然垄断经济学家的概括，自然垄断是由于自然条件和规模经济而产生的产业垄断，通常具有不可竞争性。这种自然垄断在通常情况下比多家竞争更有效率，成本更低。[1] 波斯纳曾指出，自然垄断并不是指市场上销售者的数量，而是需求和供给技术（technology of supply）之间的关系。如果相关市场里的全部需求可以被一家公司而不是多家公司以较低的成本实现，这个市场就是一个自然垄断，无论这个市场中实际公司的数量是多少。[2] 既然如此，为这个市场制定规则，而不是试图创造竞争，才是更好的选择。[3] 著作权集体管理发展比较成熟的国家，大多采用了这样的规制自然垄断的政策，试图在保留自然垄断所带来的效益的同时，防止自然垄断组织滥用垄断地位。

第一节　英国的历程：表演权法庭

一、使用者

英国的使用者对表演权协会一直怀有戒心，表演权协会还没有完全立足的时候，英国的使用者就组织起来，尝试对抗表演权协会。1918 年，一群舞蹈教师发起设立了不列颠音乐联合公司

---

[1] 李怀：《自然垄断理论研究》，东北财经大学出版社 2003 年版，第 18～20 页。

[2] Richard A. Posner, Natural Monopoly and Its Regulation, 21 *Stan. L. Rew*, 1969, p. 548.

[3] Ariel Katz, *Issues at the Interface of Antitrust and Intellectual Property Law*, a thesis for the degree of doctor of juridical sciences, Faculty of Law, University of Toronto, 2005, p. 102.

（British Music Union Ltd. 简称 BMU），公司有一个音乐库，会员每人每年缴纳 5 先令会费，就可以自由使用音乐。音乐库的音乐主要是版权已经过期的作品以及由出版商声明放弃表演权的当代音乐作品。BMU 致力于发展第二类音乐作品，因为只有尽可能多地囊括这类音乐作品，才能构成对 PRS 的威胁。为此，BMU 于1922 年向国会提起一项版权法案，建议恢复 1911 年版权法颁布之前那个著名的"告示"，即要求版权人在乐谱上标示保留表演权声明，作为行使表演权的条件。❶ 由于"告示"问题已经在制定 1911 年版权法的过程中得到充分的讨论和一致的否定，因此BMU 的建议被认为是开历史倒车，并且与国际版权实践相违背，会在使用者当中引起不必要的困惑和混乱，没有被国会采纳。❷但是，BMU 免费使用音乐的主张，得到众多使用者的赞同，尤其是饭店旅馆等公共场所业主；媒体和公众也开始关注这个问题，其中也不乏对 PRS 的严厉批评和要求 PRS 解散的呼声。

1927 年，使用者再次组织起来注册成立"音乐使用者国际会议"（the International Council of Music Users Ltd. 简称 ICMU），这个组织从成员组成到基本活动都与 BMU 极其类似。它的创始人由一个舞蹈教师、三个餐饮业协会的干事、两个著名的旅馆经理以及一个音乐家联合会的官员组成。后来，有更多的音乐教师、旅馆业者、饭店业者加入。甚至，曾担任过早期表演权协会机关报——《表演权公报》（*Performing Right Gazette*）——主席的M. Golver 也改变立场，加入了使用者阵营，成为 ICMU 的主力

---

❶ 见第二章。

❷ Cyril Ehrlich, *Harmonious Alliance：A history of the Performing Right Society*, Oxford University Press, 1989, pp. 31~32.

干将。随后的两年中，ICMU 坚持不懈地试图影响议会和公众的观念。他们抨击其时表演权许可费用过高，超过了大部分使用者的承受能力；尤其令人担忧的是，美国文化已经通过电影和音乐在英国大为盛行，较高的表演权许可费无疑会促进英国文化的美国化。ICMU 关于美国文化的观点深受抵触美国文化的英国中产阶级认同。ICMU 最初尝试与 PRS 谈判降低表演权使用费，但没有获得成功，于是转而争取立法机构的支持。

1929 年年底，ICMU 向英国上议院提交了"音乐版权法案"，提出了对 1911 年版权法的两项修改意见：（1）强制要求在音乐作品上印刷保留表演权的声明，并且这应该成为行使音乐表演权的前提条件；（2）为表演权提供法定许可，规定一个表演权权利人可以向使用者要求的最高限额。

第一个修改建议，只是简单地重复了 BMU 在 1923 年的意图，同样试图忽视 1911 年版权法通过时的环境及达成的共识，受到了广泛的批评。第二个修改建议，看起来很简单，对 PRS 来说却具有致命的危险。这个建议希望确立一个永久覆盖表演权的使用费：任何音乐作品，无论类型、质量、长短，一律可以由任何人在任何地方进行演奏，只付费一次。这样，BBC 可以在任何时候广播任意一首它愿意播放的歌曲，只支付一本乐谱的钱。该法案很快就通过了二读。一旦法案能够进入并通过三读，法案的主张变成现实的法律规定，PRS 的生存都将成为问题。因此 PRS 及其支持者感到"历史上最糟糕的危机时刻"就要来临。权利人纷纷指责 ICMU 及上议院，认为此法案无异于确认可以盗用音乐。PRS 这次特别注重运用媒体的力量以影响公众的观念；同时 PRS 最大的用户 BBC 表明了不支持版权法案的立场，在上议院举行的听证会上，BBC 给予 PRS 最慷慨的支持，宣称二者的关系是"和谐而又卓有成效"的，对 ICMU 提出的音乐版权法案不能认同。最终该法案没能进入三读，使用者摧毁表演权协会的努力再次失败。❶

但是它掀起的对表演权协会垄断地位的思考，某种意义上也是一种额外的成功。在这场运动中，使用者提出了两个相互联系的问题，一个是知情权的问题，PRS 长期不公布许可协议所涵盖的音乐的情况，也没有披露会员的组成及音乐作品被使用的情况；另一个问题是 PRS 可能滥用其垄断地位的问题，PRS 可能单方面武断地增加许可费，而使用者对此无能为力；另外，一揽子许可使得使用者没有选择的余地。对垄断的问题，版权修改委员会首先对表演权协会的社会地位进行了确认：表演权协会无论对作曲家、音乐出版商还是音乐使用者，无疑都是方便和必要的；如果必须独自去处理每一首要表演的音乐，每个人都会感到极为不便；实际上可以说，表演权组织是作曲家收取其表演费的惟一可行的方式。

在此基础上，版权委员会指出：

> 为了有效地发挥表演权协会的功能，表演权协会实际上不得不成为"超级垄断"机构，这个超级垄断机构组建在由版权法确认的垄断者——作曲家之上。因此它可能滥用其权力，比如拒绝按照合理的条件授予许可，违反公共利益。这种情况可能可以上诉到仲裁或其他法庭。若要通过立法达到这个效果，会与国际版权义务相冲突。因此，如果需要在立

---

❶ Cyril Ehrlich, *Harmonious Alliance*：*A history of the Performing Right Society*, Oxford University Press, 1989, pp. 55～65.

法上解决垄断问题，贸易委员会（Board of Trade）可以在准
备 1935 年国际版权联合会议期间对此进行思考。❶

由于 20 世纪 30 年代政治上的骚乱以及第二次世界大战，国
际版权联合会会议迟迟没有召开。但是在整个过程中，人们一直
合理地期待这样的上诉法庭应该很快就成立。Cyril Ehrlich 把这个
说不定在哪天会成立的法庭，比喻成悬在 PRS 头上的一柄达摩克
利斯之剑，因为公众对表演权法庭的这种期待，无疑影响了表演
权协会的使用费收入。与许多国家特别是法国相比它的谈判总的
来说趋向谨慎负责，继续默认少到可以忽略不计的许可费政策，
例如法国 SACEM 的官员曾经误以为 PRS 对电影院的年许可费是
一周的许可费。❷

二、表演权法庭

原定于 1935 年召开的《伯尔尼公约》修改会议，1948 年才
得以召开，这次会议达成《伯尔尼公约》布鲁塞尔文本，对广播
权以及广播权法定许可作了更加全面明确的规定。❸ 为了与《伯
尔尼公约》的新文本相衔接，也为了适应自 1911 年版权法施行
以来技术的发展，英国国会于 1952 年任命了一个版权修改委员
会，对版权法是否需要修改，以及需要在哪些方面作怎样的修

---

❶ 转引自 Cyril Ehrlich, *Harmonious Alliance*：*A history of the Performing
Right Society*, Oxford University Press, 1989, p. 63.

❷ 转引自 Cyril Ehrlich, *Harmonious Alliance*：*A history of the Performing
Right Society*, Oxford University Press, 1989, p. 63.

❸ *Guide to the Berne Convention for the Protection of Literary and Artistic
Works*（Pairs Act, 1971）, WIPO, 1978, Article 11bis.

改，进行全面的调查研究。❶ 像在以往历次立法活动中一样，使用者和版权人展开了较量，都试图对这次版权立法施加有利于自己的影响。来自芭蕾舞教室、剧院、电影院、饭店旅馆业的音乐使用者代表在媒体、各种听证会、请愿书中抱怨表演权协会的垄断力量，诸如武断地强迫许可、步步高升的许可费、不提供完整的音乐目录等，要求对表演权协会施加限制。PRS 也展开了紧张的运动，在版权立法过程的每个阶段，各种陈情书被送到贸易委员会（Board of Trade），为联合一切可以联合的力量，PRS 还组织了"不列颠联合版权会议"（British Joint Copyright Council）。最终，PRS 获得了部分胜利，成功地为电影音乐作品的作曲者和作者争取到版权，也使得一个要求免于对许多特定组织收取许可费的条款被删除。❷

然而，使用者也有收获，英国 1956 年版权法指定了表演权法庭（Performing Right Tribunal，简称 PRT.），以防止公共利益受到滥用表演权的侵害。根据 1956 年版权法，使用者组织如果不同意表演权组织制定的权利使用条件及费率，可以向表演权法庭提出申请，由表演权法庭进行调处。表演权法庭可以根据具体情况调整许可协议中的条件，也可以在集体协会没有正当理由拒绝许可的时候，许可使用者组织使用表演权组织管理的音乐。❸

悬在表演权协会头上的达摩克利斯之剑成为现实。从 1956

---

❶ *Copinger and Skone James on Copyright*（*Fifth Edition*），London，Sweet & Maxwell，2005，p. 41.

❷ Cyril Ehrlich，*Harmonious Alliance：A history of the Performing Right Society*，Oxford University Press，1989，pp. 120 ~ 121.

❸ *Copinger and Skone James on Copyright*（*Fifth Edition*），p. 41.

年到 1966 年之间，表演权法庭处理了七件涉及表演权协会的诉讼，在其中的两例诉讼中支持和确认了表演权组织确定的表演权使用费，在另外五例中降低了表演权组织已经确定的使用费水平。表演权协会抱怨说表演权法庭的裁决反复无常，没有什么标准，如果一定要找出其中有什么一贯坚持的原则，那就是根据旧有的许可费水平来确定新条件下的许可标准。❶ 表演权协会以及 PPL（录音制品表演权公司）还认为，在几十年的裁决过程中，表演权法庭总是先入为主地认为表演权集体许可组织构成垄断，在裁决中过于偏袒使用者。❷

虽然如此，表演权法庭还是被分析家认为具备了许多优势，能够维护版权许可市场自然垄断所产生的效益，也能有效地对该垄断进行制衡，兼顾到使用者和社会公众的利益。❸ 因此由表演权法庭限制垄断的模式一直被沿用。20 世纪后半叶，技术的发展使得更多的权利，都只有在集中起来后才能得到有效行使，版权集体化得到了更深的推进。因此英国 1988 年《版权、外观设计和专利法》（*Copyright*, *Design and Patents Act*，简称 CDPA）扩展了表演权法庭的管辖范围，除表演权协会以外，复制权集体管理组织、邻接权集体管理组织以及其他符合法律规定的集体许可组

---

❶ Cyril Ehrlich, *Harmonious Alliance*: *A history of the Performing Right Society*, Oxford University Press, 1989, pp. 130 ~ 135.

❷ Intellectual Property Office of UK: *Review of the Copyright Tribunal*, http://www. ipo. gov. uk/pro-types/pro-copy/c-notice/c-notice-2006/c-notice-2006-tribunal. htm，最后访问时间：12/20/2008.

❸ Intellectual Property Office of UK: *Review of the Copyright Tribunal*, http://www. ipo. gov. uk/pro-types/pro-copy/c-notice/c-notice-2006/c-notice-2006-tribunal. htm，最后访问时间：12/20/2008.

织，都落入法庭的管辖范围，表演权法庭也更名为版权法庭
（Copyright Tribunal）。

第二节　美国的经验：和解协议

一、BMI：竞争与同谋

20 世纪 30 年代，由于无线接收设备有了很大的改良，● 收音机在美国也逐渐流行，成为主要的娱乐工具，广播电台获取的利润也在大幅提升。由于在广播时段中，音乐节目占了其中的绝大部分，● ASCAP 认为广播组织播送音乐节目的行为，影响了其会员从销售录音带和乐谱中以及其他现场表演中获得的收入，应当为在广播中使用音乐作品向 ASCAP 获得表演权许可并缴纳费用。广播电台对此予以反驳，认为 ASCAP 的行为是利用其在市场上的垄断地位，对使用人漫天要价；而且，广播电台播放音乐作品，实际上是在免费为 ASCAP 会员做广告，促进了录音带和乐谱的销

● http：//www.bbc.co.uk/heritage/story/history_ text.shtml，最后访问时间：12/20/2008.

● ［美］迈克尔·埃默里、埃德温·埃默里：《美国新闻史——大众传播媒介解释史》，展江、殷文等译，新华出版社 2001 年版，第 320 页。

量进而增加了作者的收入。● 虽然对 ASCAP 的行为表示不能认同，但由于 ASCAP 早已成功地通过诉讼，由法院宣布广播电台广播音乐作品的行为构成营利性公开表演，因此广播电台还是与 ASCAP 签订了许可使用合同。与此同时，广播电台组成同业公会（the National Association of Broadcasting），积极游说美国司法部对 ASCAP 进行反垄断审查。迫于压力，美国司法部于 1934 年向 ASCAP 提起反垄断诉讼，主张该组织的运作方式破坏了原本存在于 ASCAP 会员与非会员之间的竞争，也阻止了 ASCAP 会员之间应有的竞争，因此属于不合法的组织，应当予以解散。ASCAP 遭遇到自创立以来最为严重的危机，事关存亡，ASCAP 决定向广播电台妥协，于是以较为优惠的条件与广播组织谈判，达成一项五年期的许可使用协议。美国司法部随后自动申请延期举行该案的听证会，事实上其后未再继续诉讼，实际上放弃了解散 ASCAP 的初衷。❷

　　ASCAP 与广播组织的这项许可协议，到 1940 年 12 月 3 日到

---

　　❶　这是广播组织长期以来用以反对 ASCAP 收取许可费的主张。虽然美国法院曾在 1923 年 M. Whitmark and Sons v. Bamberger and Co. 案中否定了该主张：广播电台播放音乐作品或许会促进乐谱和录音带的销量，不过，只有音乐作品权利人才能判断以什么样的方式推销自己的作品最好。参见 Makeen Fouad Makeen, *Copyright in a Global Information Society*, Kluwer Law International, 2000, p. 40；以及 Paul Goldstein, *Copyright's Highway: From Gutenberg to the Celestial Jukebox*, Stanford University Press, 2003, pp. 58 ~ 59.

　　❷　Prof. Glynn Lunney, Copyright Collectives and Collecting Societies: the United States Experience, in Daniel Gervais（ed.）, *Collective Management of Copyright and Related Rights*, Kluwer Law International, 2006, p. 321；以及 Simon H. Rifkind, Music Copyright and Antitrust: a Turbulent Courtship, *Cardozo Arts and Entainment*, Vol. 4: 1, 1985.

期。广播组织预计 ASCAP 会在签订下一期协议时再次调高许可费，决定自己直接进行音乐表演权许可，与 ASCAP 竞争，遂于 1939 年成立了广播音乐公司（Broadcasting Music，Inc.，简称 BMI）。❶ 随后广播组织不但拒绝与 ASCAP 再行合作，还积极邀请各方加入 BMI，包括 ASCAP 的会员。BMI 为了吸引作曲家和版权人加入，还采用了颇具诱惑力的预付许可费的方式，使得不少年轻的以及非主流的作曲家加入 BMI。❷

　　在 ASCAP 与广播组织的协议到期之后，全美除了少数几家继续与 ASCAP 续约的独立电台外，大部分的广播电台都不再播放 ASCAP 会员的音乐。由于 BMI 所掌握的曲目还非常有限，大部分的流行音乐权利人都还是 ASCAP 的会员，因此美国的听众无法像往常一样听到当时流行的音乐，而只能听到一些已经落入公共领域的古典音乐；听众收听广播节目的热情有所下降。ASCAP 也蒙受了重大的损失，它从广播电台得到的表演权许可费自然已经大幅缩水，雪上加霜的是，会员的唱片和乐谱的销售量也大幅下滑。在熬过艰难的 8 个月后，ASCAP 与广播组织重回谈判桌，签署了新的公开表演权许可协议。❸

　　BMI 的运作模式和提供的服务，与 ASCAP 的完全相同，所不同的是 BMI 拥有的曲目库，要比 ASCAP 的小很多。早期二者曲目库中音乐作品的类型也有差异，ASCAP 偏重主流音乐，BMI 偏重拉丁音乐和乡村音乐。但后来随着音乐市场的变化及竞争的加

---

❶　http：//www.bmi.com/index/history，最后访问时间：12/20/2008.

❷　Paul Goldstein，*Copyright's Highway：From Gutenberg to the Celestial Jukebox*，Stanford University Press，2003，pp. 58～59.

❸　http：//www.ascap.com/aboutus，最后访问时间：12/20/2008.

剧，两个组织都全面拓宽管理的音乐作品类型，直至包括了所有的音乐形式。❶ 自此往后，BMI 与 ASCAP 并立，共同活跃在美国音乐表演权许可市场，通常被人们视为竞争型音乐许可市场的典范。不过，就组织自身的运营模式和组织结构而言，BMI 与 ASCAP一样，有着某些限制贸易反对竞争的特色，因此它甫一成立，就与 ASCAP 一道经受了反垄断的考验和限制。因此，美国的观察家评论道："最初 BMI 被视作是 ASCAP 的竞争者，希望它能迫使 ASCAP 以更合理的价格发放许可并更加公平地对待会员。但 BMI 已证明自身更像一个捡漏者（redundancy）而不是竞争者。BMI 没有解决垄断问题，反而给这个迷宫增加了一个垄断者，成为问题的一部分。"❷ 的确，由于 BMI 与 ASCAP 拥有不同的会员和不同的曲目库，彼此不能相互替代，欲使用表演权的用户，尤其是广播组织，必须与两者都签订合同，才能保证囊括所有的音乐作品，不至于漏掉可能的"超级巨星"。因此，对于使用者来说，市场上存在一家还是多家集体管理组织，其实没有什么大的不同。BMI 与 ASCAP 的竞争，主要是在音乐市场的上游即获得作品方面展开，而不是在音乐市场的下游即许可市场进行的。❸ 对使用者而言，ASCAP 与 BMI 都是垄断者。

---

❶　http：//www. ascap. com/aboutus，最后访问时间：12/20/2008.

❷　Prof. Glymn Lunney, Copyright Collectives and Collecting Societies：the United States Experience, in Daniel Gervais（ed.）, *Collective Management of Copyright and Related Rights*, Kluwer Law International, 2006, p. 316.

❸　Josef Drexl, Collecting Societies and Competition Law, in：*Collective Administration of Copyright and Neighbouring Rights*（MPI Book Project）.

二、和解协议：拔掉虎牙

（一）1941 年和解协议

由于 BMI 与 ASCAP 一样也具有垄断性，美国司法部于 1940 年 12 月再次宣布对表演权许可市场从业者提起反垄断诉讼。其时 ASCAP 与 BMI 都仅采用一揽子许可，许可费以被许可人的营业收入为基础，抽取固定的比例，而没有考虑被许可人使用音乐的数量；接着，ASCAP 及 BMI 根据音乐作品公开表演的采样数据把收取的许可费分发给各自的会员。一揽子许可的方式由于不能充分考虑到使用者的不同情况，而且定价权由表演权组织掌握，引起使用者不满；使用者认为由于不能与个别的版权人打交道，版权人之间就没有在表演权许可的条件及价格上的对立或竞争，这构成对自由贸易的限制。但司法部也注意到，这种方式不仅方便表演权集体管理组织进行管理，对大部分的被许可人也是有益的；更为重要的是，一揽子许可特别适合广播节目随意多变的特点，因此，与 1934 年反垄断诉讼解散 ASCAP 的目的不同，这次司法部不再挑战其存在的合法性，而愿意在解决表演权组织垄断问题的基础上进行诉讼。BMI 与 ASCAP 随即先后与美国司法部达成妥协，签订了对美国表演权组织来说至关重要的"和解协议"（Consent Decree）。❶

---

❶ Prof. Glymn Lunney, Copyright Collectives and Collecting Societies: the United States Experience, in Daniel Gervais（ed.）, *Collective Management of Copyright and Related Rights*, Kluwer Law International, 2006, pp. 311 ~ 345, p. 322；以及 http：//www. ascap. com/reference/ascapfj2. pdf，最后访问时间：12/20/2008.

和解协议主要涉及四个问题：首先，建立一揽子许可的替代许可机制，以便使用者在一揽子许可之外有别的选择。这通过以下方式得到实现：（1）禁止表演权组织以排他许可方式从会员那里获得公开表演权，这样至少从理论上说，使用者与权利人之间的直接许可得到允许；（2）要求表演权组织在一揽子许可之外，提供按节目许可（per-program）。其次，禁止表演权集体管理组织对情况类似的使用者在价格和许可条件上采取区别对待。再次，对地方电台转播广播网的节目，和解协议不允许 ASCAP 与 BMI 对其收取表演权使用费。协议要求对广播网的表演权许可应当覆盖对含有被许可内容的节目的同步广播，这样地方电台就不必为转播广播节目而支付表演权使用费，也阻止了表演权组织就同一个节目收取两次费用。最后，和解协议试图采取措施确保表演权协会收取的使用费在会员之间的分配能够公平合理。这主要是通过在协议中设置控制表演权组织的内部治理结构来实现的，比如董事会的人员结构和选举程序以及费用分发程序等。为了执行和解协议，司法部可以调阅 ASCAP 的各项记录，也可以直接约谈 ASCAP 的雇员。ASCAP 也同意在必要时可以由第二巡回法院对和解协议进行修改，如果违反协议甘愿受到惩罚。❶

（二）1950 年修正协议

然而，这项和解协议里确定的措施还没来得及正式开始推行，ASCAP 在 1942 年就遭遇了新的挑战。自有声电影诞生以来，电影制片人和电影院都要获得权利人许可，才可以在电影中使用

---

❶　United States v. American Society of Composers, Authors and Publishers (S. D. N. Y. 1941).

音乐作品❶。如果使用的是非 ASCAP 会员的音乐作品，电影制片人就可以直接从音乐作品的权利人那里获得同步化权，同时获得公开表演权。但是如果使用的是 ASCAP 会员的音乐作品，则只能从音乐作品权利人那里直接取得同步化权，而不能同时获得公开表演权，因为音乐作品版权人的公开表演权已经许可给 ASCAP。如此一来，那些使用非 ASCAP 会员音乐作品的电影，不需要再获得著作权人许可就可以放映。但是对使用了 ASCAP 会员音乐作品的电影来说，要能合法放映还需要从 ASCAP 那里获得公开表演权许可。ASCAP 把播放电影时对音乐作品公开表演权的使用，许可给那些愿意接受 ASCAP 给定条件的电影院经营者。这样，许多电影只能在获得了 ASCAP 公开表演权许可的电影院，才可以放映，这大大限制了电影进入市场的渠道。因此 1942 年，Alden-Rochelle 公司代表 160 位电影制片者对 ASCAP 提起反垄断诉讼，控告 ASCAP 此举违反了《谢尔曼反托拉斯法》第一项和第二项的规定。❷ 诉讼过程中电影院也出面声讨 ASCAP，他们声称，如果制片人能像从非 ASCAP 会员那里获得公开表演权那样，也从 ASCAP会员那里获得公开表演权，即在获得同步化权的同时也获得公开表演权，那么电影院就不需要从 ASCAP 那里获得许可。❸

---

❶　电影院获得公开表演权许可，是默片时代的做法。由于电影是无声的，电影院希望借助在放映电影时现场演奏音乐，使观看电影的过程不至于过于沉闷，为此需要向表演权集体管理组织购买公开表演权。1929 年出现有声电影以后，音乐被录制在声道中随画面一同播放，电影院不再组织现场演奏。但集体管理组织根据惯性依然向电影院收取表演权使用费。

❷　《谢尔曼反托拉斯法》第一项禁止制定限制贸易的协议，第二项禁止垄断。

❸　Alden-Rochelle, Inc. v. ASCAP, 80 F. Supp. 900（S. D. N. Y. 1948）.

在此背景之下，Leibell 法官支持了原告，对 ASCAP 的行为做出了严厉的批评：

> 几乎 ASCAP 结构的每一个部分，几乎 ASCAP 所有许可电影院的活动，都涉及对反托拉斯法的违背。虽然 ASCAP 的每个会员都获授版权法给予的垄断权，但版权作品的所有人通过协议或安排把其版权联成一体的做法，是不合法的，即使是出于更好地保有他们的财产权利的目的。ASCAP 会员联合起来把非戏剧表演权转让给 ASCAP 的做法，是一种限制州际贸易和商业的联合，这是受到反托拉斯法第 1 条禁止的……❶

ASCAP 在定价上的独裁能力，也受到了 Leibell 法官的责难：

> 作者、作曲者和出版者的联合、他们对协会的义务、他们转让给 ASCAP 的权利以及在协议中保留的许可电影制片人的权利，这些给予 ASCAP 确定把表演权卖给电影院的权力……ASCAP 曾在 1934 年给出适中的条件、保守的价格，但这不能减弱 ASCAP 作为垄断组织拥有提高价格至不合理的数额的能力这一事实。ASCAP 也已表明自己能够运用这个能力到何等程度。1947 年秋天，它试图把许可费从 200% 提高到 1500%。这种确定价格的能力与会员版权的联合交织在一起，构成了对贸易的非法限制。❷

---

❶❷ Alden-Rochelle, Inc. v. ASCAP, 80 F. Supp. 900（S. D. N. Y. 1948）.

这个由使用者发起的反垄断诉讼，再一次对 ASCAP 的合法性发起挑战。这也令美国司法部感到，1941 年与 ASCAP 达成的和解协议还不充分，如果要允许 ASCAP 继续存在，必须有一个新的协议。于是在此案发生后不久，美国司法部就启动了与 ASCAP 的新谈判。至 1950 年春谈判达成对 1941 和解协议的修正，即 AmendedFinal Judgment（简称 AFJ）。新的和解协议保留了 1941 年和解协议的大部分内容，把原协议为广播电台确定的权利延伸到电影院以及其时正在兴起的电视台上。并特别针对 Alden-Rochelle 案，禁止 ASCAP 把同步化权和公开表演权分开许可，要求 ASCAP 或其会员在许可同步化权的同时一并许可公开表演权。自此以后，美国电影院结束了为播放电影从 ASCAP 那里获得公开表演权许可的历史。

新的和解协议最为重要的创新，是设置了一个司法裁决 ASCAP 许可费的程序。一般情况下，使用者只要向 ASCAP 申请许可，就可以自动适用 ASCAP 规定的条件和许可费率，获得许可。如果使用者与 ASCAP 在使用费问题上不能达成一致，其可以请求美国联邦法院纽约南区地区法院的法官来确定一个合理的费率。在任何一个这样的程序中，ASCAP 有责任证明其所寻求的费率的合理性。❶ 1966 年，美国司法部根据该协议，与 BMI 签订了类似的经过修正的和解协议；并在约三十年后也为 BMI 建立了费率法庭。❷

---

❶ United States v. American Society of Composers, Authors and Publishers, 1950 ~ 1951 Trade Cas. (CCH), 1950 U. S. Dist. LEXIS 4341 (S. D. N. Y. 1950).

❷ http：//www. bmi. com/aboutus/，最后访问时间：12/20/2008.

（三）和解协议对 ASCAP 及 BMI 的影响

首先，和解协议对 ASCAP 以及 BMI 构成重重限制。根据协议，ASCAP 以及其他的表演权组织不能从会员那里获得独占/排他许可。这对表演权组织来说是个重要的掣肘。从表演权组织诞生到 ASCAP 受到挑战之间近百年的集体管理实践中，表演权组织都是从会员那里获得排他性的许可权，这是表演权组织得以发展壮大的一个重要的内部因素。表演权组织欲吸引使用者，必须尽力使自己的曲目库能够囊括所有音乐，让使用者在免于诉讼威胁的情况下，自由地利用会员的音乐作品。获得会员的排他性许可权利，是早期表演权组织达到这个目的必不可少的途径。现在，美国司法部通过和解协议禁止 ASCAP 从会员那里获得排他性许可权利，允许使用者直接与会员达成许可协议，至少从理论上说 ASCAP 独占权利的优势已经不复存在。

对 ASCAP 来说，由司法机构决定 ASCAP 的许可费率，是另一根本的限制。确定许可费率，是 ASCAP 的重要武器。在受到限制之前，由于 ASCAP 已经垄断了音乐作品曲目库，使用者可以选择的余地非常小；如果使用者不同意 ASCAP 确定的费率，从策略上讲，ASCAP 可以单方面拒绝许可公开表演权，并以对使用者提起侵权诉讼要求大额赔偿为威胁。这种威胁在 ASCAP 以及其他表演权组织的实践活动中屡屡化为实际的诉讼活动，并多次成功地逼使用者就范，在使用者缺乏组织的情况下尤其如此。美国司法部与 ASCAP 签订的和解协议，使 ASCAP 失去了重要的武器，使用者的谈判能力却依赖使用费法庭而有所增长。经过了对 ASCAP 排他授权、单方定价等垄断因素的一一排解，和解协议无异于拔掉了 ASCAP 这只老虎的利牙，使得它的控制能力大大降低。从此往后，表演权协会的一揽子许可只是会员直接许可的替代选择，

定价要服从司法审查，收入分配也与获得司法承认的机制相联，等等。❶

其次，也是尤为重要的另一个影响是，和解协议给 ASCAP 及 BMI 提供了避风港。和解协议对 ASCAP 等施加的种种限制，其实蕴藏着美国司法部的苦心。表演权组织的产生源自实际的需要，尤其是在广播电视时代，对音乐的大量且广泛、瞬时的使用，的确需要权利能够得到集中管理和许可。美国司法部不希望置 AS-CAP 以及类似的表演权组织于非法的地步，因此试图在限制 AS-CAP 的同时，为其提供一个合法的地位，使其免予承担反垄断法上的责任。美国司法部对 ASCAP 合法地位的认同，很快就在司法审判中获得呼应。此后发生的一系列使用者诉 ASCAP 违反垄断法的讼案，都没有得到法院的支持。❷

其中以 1975 年开始的 Columbia broadcasting system （CBS）v. ASCAP❸ 案最具历史性意义。该案持续了 11 年，从地区法院一直打到最高法院；最高法院的决定生动地说明 AFJ 的限制又一次为 ASCAP 抵挡住对其合法性的挑战。❹ CBS 不满 ASCAP 的一揽

---

❶ Simon H. Rifkind, Music Copyright and Antirust: a Turbulent Court-ship, *Cardozo Arts and Entainment*, Vol. 4: 1, 1985.

❷ 比如，K-91, Inc. v. Gershwin Publishing Corp. , 372 F. 2d (9th Cir. , 1967); Buffalo Broadcasting Co. v. American Society of Composers, Authors and Publishers, 744 F. 2d (2nd Cir. , 1984); Broadcasting Music Inc. v. Moor-law, Inc. , 527 F. Supp. 758 (D. Del. 1981), 以及 Broadcasting Music Inc. v. Columbia Broadcasting Systems, Inc. , 562 F 2d (2nd Cir. , 1977).

❸ Columbia Broadcasting System v. ASCAP, 400 F. Supp. 737 (S. D. N. Y. 1975)

❹ Simon H. Rifkind, Music Copyright and Antirust: a Turbulent Court-ship, *Cardozo Arts and Entainment*, Vol. 4: 1, 1985.

子许可协议以及许可费率，认为和解协议并不能使 ASCAP 免于非法的活动，司法裁决费率也不能代替市场力量的运行。AFJ 的非独占条款，给 CBS 提供了直接与权利人交易的选择，但 CBS 认为该条款没什么实际意义，因为对一个谨慎的经营者来说，通向直接许可的道路上还有太多障碍。因此实际上 ASCAP 构成对反垄断法的违背。

最高法院的怀特法官认为 ASCAP 的一揽子许可是一个合理的市场安排，不必然构成对反托拉斯法的违反：

> 一揽子许可不能被完全等同于竞争者之间简单的同层次安排。ASCAP 的确为一揽子许可定价，但该许可与个别权利人所能提供的许可差异很大。单个作曲者和作者既不曾同意不单独在任何其他市场销售权利，也没有仿照一揽子许可在这种市场制定类似价格。而且，和解协议对 ASCAP 及其会员所施加的限制不应被忽略。法院发现 CBS 要获得个别许可，并不存在法律上的、实践上的或潜在的不利；简单地说，CBS 有真正可实现的选择。❶

AFJ 后来经过若干次修订，以适应各个历史时期出现的新问题。虽然 AFJ 提出的措施并非灵丹妙药，有些措施在实践中也遇到实际的困难，比如，法庭如何为 ASCAP 及使用者确定一个

---

❶ Columbia Broadcasting System v. ASCAP, 400 F. Supp. 737（S. D. N. Y. 1975）.

"合理"的费率，就是一个因没有固定标准而困难重重的过程。❶但是，AFJ 的确在限制 ASCAP 及 BMI 的过程中也为它们提供了庇护。换言之，AFJ 及其后来的修正协议（the Second Amended Final Judgment，简称为 AFJ2）是对 ASCAP 垄断地位的矫正，使得 ASCAP 所代表的权利人与广播电台、电视台等专业使用者之间能够达到某种程度的平衡。

第三节　法定许可

英国表演权法庭、美国司法部反垄断部门与表演权组织签订的和解协议及使用费法庭以及加拿大版权委员会（Copyright Board)❷、德国专利商标局内设仲裁机构❸等，都是直接处理版权集体管理组织与使用者之间许可争端的特设机构，是针对表演权集体管理组织的垄断地位所施加的事后控制。另一方面，各国也在法律中规定法定许可，直接从立法上限制权利人的许可能力。

---

❶　Prof. Glymn Lunney, Copyright Collectives and Collecting Societies: the United States Experience, in Daniel Gervais（ed.）, *Collective Management of Copyright and Related Rights*, Kluwer Law International, 2006, pp. 330 ~ 337.

❷　参见 Mario Bouchard, Collective Management in Commonwealth Jurisdiction: Comparing Canada with Australia, *Collective Management of Copyright and Related Rights*, edited by Professor Daniel Gervais, Kluwer Law International, 2006, pp. 298 ~ 309.

❸　［德］M·雷炳德：《著作权法》，张恩民译，法律出版社 2005 年版，第 570 页。

从法律文件的字面描述来看，法定许可限制的是版权人的能力；但从国际社会确立及扩展法定许可范围的过程来看，法定许可一直被当作制约集体协会滥用垄断地位的工具；从版权集体管理组织的实践来看，法定许可也的确达到了制约集体管理组织的目的。

一、机械权利的法定许可

法定许可最早规定在《伯尔尼公约》1908 年柏林文本中，这与音乐作品的机械权利（Mechanical rights）有关。早在 19 世纪中叶以后，就有了能够录制并演奏音乐的机械乐器，制造商投入大量资金到这一新兴产业，赚取了不菲的利润。作曲者认为自己的利益受到了损害，要求分食机械乐器制造商获取的利润。但是，由于当时机械乐器主要还只是流行在法国、德国以及瑞士，因此机械乐器对版权人的冲击还没有受到重视，1886 年《伯尔尼公约》没有对这个问题予以规制，反而在附加议定书中认定：制造和销售能够机械复制享有版权的音乐作品的装置，并不构成侵犯音乐作品的版权。❶ 到 1908 年召开《伯尔尼公约》柏林外交会议时，录音工业已经成熟，全欧洲的作曲者出版者以及集体权利协会都在寻求可以许可新工业进行录音的权利。版权人代表要求在《伯尔尼公约》新文本中给予作曲者许可机械录制和机械表演音乐作品的排他性权利，但录音工业强烈反对，并在外交会议上展开游说活动，认为不对作者的权利作出限制，权利人和大的机械乐器制造商将基于垄断地位而对小的制造商提出不合理的要

---

❶ Stephen P. Ladas, *The International Protection of Literary and Artistic Property*, New York, The Macmillan Company, 1938, Vol. 1. pp. 410~420.

求，造成整个行业发展不前。❶ 最终外交会议在作者权利与录音工业利益之间作了妥协，《伯尔尼公约》柏林文本在第 13 条中授予音乐作品作者机械权，并且允许各国对该权利施加限制：

> 音乐作品的作者享有下列专有权利：（1）授权机械复制音乐作品，改编该作品以适合机械乐器的要求；（2）授权使用该机械乐器公开表演其作品。与适用本条款有关的保留及条件由本同盟成员国的法律规定：但是在任何情况下，这些保留和条件的效力严格限于对此作出规定的国家。❷

这个条款所规定的"保留和条件"对应的就是德国代表在外交会议上建议的法定许可。德国代表团在其提交的修正案中建议，一旦作者自己行使或许可他人行使了机械复制权或机械表演权，任何第三方都有权在公开支付报酬的前提下，要求得以利用机械复制权和机械表演权。❸ 继《伯尔尼公约》柏林文本允许各国对机械权利采取法定许可后，各国纷纷在立法中予以规定。美国率先

---

❶ Robert Montgomery and Robert Threlfall, *Music and Copyright——Delius and His Publishers*, MPG Book Ltd, Bodwin, Cornwall, 2007, p. 12.

❷ 这个条款给予作者的机械权利包括两个方面：机械录制权以及机械表演权，这两个权利在《伯尔尼公约》1967 年斯德哥尔摩文本中分别被一般复制权（第 9 条）及公开表演权（第 11 条）吸收涵盖。参见万勇：《论向公众传播权》，中国人民大学 2007 年博士学位论文，第 19~21 页。

❸ 《伯尔尼公约》1908 年柏林外交会议记录，载 Sam Ricketdon & Jane C. Ginsburg, *The Berne Convention for the Protection of Literary and Artistic Works：1886~1986*, London, Queen Mary College, Centre for Commercial Law Studies, 1987.

在其 1909 年《版权法》中引入法定许可，以限制当时最大的钢琴乐卷制造商的垄断。这家乐卷制造商于 1902 年与 80 位主要的音乐出版者签订了排他机械权利许可，其他小的制造商因此无法获得相应的许可，不能生产乐卷。美国 1909 年《版权法》特别针对这个情况，规定一旦权利人行使或许可他人行使机械权利，任何他人即可根据法律规定的条件，无须再得到权利人的同意就可以进行类似的利用。❶ 英国在制定 1911 年《版权法》的时候，也考虑了录音工业的意见，规定在作品被第一次机械复制后，其他录音者可以根据法定许可录制该音乐作品。❷

二、法定许可应用到广播权

1928 年，《伯尔尼公约》各成员国在罗马召开外交会议，商议对《伯尔尼公约》进行修改。意大利、法国、德国、英国等国家的代表建议在《伯尔尼公约》中确认作者享有不受任何限制的通过无线广播传播其作品的专有权利。此举遭到挪威、澳大利亚及新西兰代表的反对。他们关注的是无线电技术的公共利益方面，认为无线电广播是执行教育和文化政策的重要工具。他们担心确认一种不受任何限制的广播权，会使表演权集体管理协会所享有的垄断地位，扩张到广播领域，使通过广播音乐作品增进社会文化发展的目标受到阻滞。其他国家的广播组织也纷纷对各国

---

❶ Zvi S. Rosen, the Twilight of the Opera Pirates: A Prehistory of the Exclusive Right of Public Performance For Musical Compositions, *Cardozo Arts & Entertainment* [Vol. 25: 1159].

❷ Robert Montgomery and Robert Threlfall, *Music and Copyright——Delius and His Publishers*, MPG Book Ltd, Bodwin, Cornwall, 2007, p. 14.

的代表施加压力，要求考虑广播组织的利益。双方各执一词，僵持不下。最后，瑞典代表团出面调停，建议引入法定许可制度来解决这个问题：一方面给予作者排他性的广播权，另一方面允许会员国采用法定许可制度，这种安排能够加强广播组织在与表演权协会谈判时的能力和地位。对于权利人和集体管理组织来说，虽然对法定许可非常不情愿，然而这次在广播权上施加法定许可，却比 1908 年在机械权利上施加法定许可，更加难以抗拒和拒绝。因为 1908 年《伯尔尼公约》柏林文本所设定的法定许可，仅是为了特定团体——强势的录音工业的利益，这次广播权法定许可，则以保护公共利益为强大后盾；虽然，广播组织的利益与公共利益、使用者的利益与公共利益是否完全一致，还有待质疑，然而权利人面对以公共利益为名义的诉求，一时也沉默下来。[1] 最终，《伯尔尼公约》1928 年罗马文本第 11 条之二允许各国对广播权采用法定许可予以限制：

（1）文学艺术作品作者应当享有授权通过无线广播向公众传播其作品的专有权利。（2）公约成员国的立法可以对行使上段所述权利的条件作出规定，但这些规定的效果应被严格限制在制定此类立法的国家。这种条件不应有损于作者的精神权利，也不应损害作者获得平等补偿的权利。该项补偿

---

[1] Sam Ricketdon & Jane C. Ginsburg, *The Berne Convention for the Protection of Literary and Artistic Works: 1886 ~ 1986*, London, Queen Mary College, Centre for Commercial Law Studies, 1987, p. 522.

如果不能通过协商达成，应由权威机构确定。❶

从各国的立法和实践来看，法定许可的法律效果，是使版权人的专有权利化约为片面的获得报酬权。专有权利的含义，是权利人有权自己行使权利或允许他人利用作品，也有权拒绝他人利用自己的作品。然而，法定许可要求版权人放弃拒绝权利，一概放任他人利用自己的作品，而仅仅收取受到法律限制的报酬。这对表演权集体协会来说是重大的限制。在法定许可制度下，表演权集体管理组织在确定使用作品的条件、许可费率的高低、许可的类型、计费的方式等方面所具有的控制力，就大打折扣，整个情形犹如猛兽为牢笼所辖制。

❶　11 条之二全文如下：

（1）Authors of literary and artistic works shall enjoy the exclusive right of authorizing the communication of their works to the public by radio diffusion. (2) The national legislations of the countries of the union may regulate the condition under which the right mentioned in the preceding paragraph shall be exercised, but the effect of those conditions will be strictly limited to the countries which have put them in force. Such conditions shall not in any case prejudice the moral right of the author, nor the right which belongs to the author to obtain an equitable remuneration which shall be fixed, failing agreement, by the competent authority.

美国是比较典型的推行法定许可制度的国家。❶ 自 1909 年《版权法》规定了机械权利法定许可之后，1976 年《版权法》提供了三种新的法定许可：（1）有线法定许可，允许有线运营商重播广播信号；（2）点唱机（Jukebox）法定许可，允许点唱机运营商公开表演所有版权音乐作品；（3）公共广播法定许可，允许公共广播机构在其广播中使用音乐作品、图形作品和雕像作品。这三种新的法定许可中，有两种涉及广播组织使用音乐作品的问题。音乐表演权（广播权）法定许可立法的背后，是广播组织和集体协会之间的较量和妥协。在 1975 年为修改版权法而举行的听证会上，公共广播组织辩称需要一个法定许可制度，为使用者提供方便，否则与单个权利人交涉的成本，将令使用者不堪重负。集体协会反驳认为，音乐作品公开表演权已经由表演权组织集体管理，不存在交易成本过高的问题；就与权利人交易的成本而言，文学作品更应该实行法定许可，因为这个领域在那时还没有有效的集体管理。国会对广播组织的目的非常清楚，广播组织

---

❶ 美国《版权法》第 115 条规定了"compulsory license"，我国一般根据字面含义将之翻译为"强制许可"，但从第 115 条的规定以及美国的相关实践来看，该许可方式下，使用人不需要向版权管理机关进行申请，而只需向版权人履行通知程序，仅仅在不能确定版权人和不能获知向版权人送达通知的地址时，才采取向版权局备案的形式，来代替向版权人履行通知的义务。这符合我们通常所说的法定许可的特征和要素，而与严格意义上的强制许可相差甚远。强制许可是指由版权主管机关根据使用人的申请，在法律规定的条件下将利用已发表作品的权利授予使用人的制度。强制许可制度由于适用的条件更加严格，它对版权人利益的限制和影响，较之法定许可要小许多。对此，孙秋宁在"论音乐作品的法定许可录音——以新著作权法第 39 条第三款为中心"（载《北大法律评论》，2002 年，第 192～108 页）一文中有比较准确的分析。

担心集体协会滥用其垄断地位，提出过高的条件，因此希望设置法定许可，作为广播组织阻止集体协会滥用优势地位的有利工具。国会根据其一贯的妥协原则，认为法定许可既能保证广播工业能够以合理的条件广泛应用音乐作品，也为版权人保留从广播其作品中获得补偿的权利，不失为一项两全之策。最终在 1976 年《版权法》中确立了广播法定许可制度。❶

三、法定许可作为达摩克利斯之剑

法定许可是一种法定的非自愿许可方式，在法律规定必须实行法定许可的场合，版权人不能行使全面的排他权，其收取的使用费也必须服从法律的限制。法定许可对各国政府来说是一项能够兼顾各方利益的政策，因此被广为采用。尤其是在新的技术产生新的作品使用方式，新的产业利益与版权人的利益构成冲突之时，法定许可制度几乎成了灵丹妙药，在家庭录制音像作（制）品、图书馆复制、卫星传播、网播等各个领域施展拳脚，被誉为维持版权人—使用人—公共利益之间平衡的重要调节器。❷

然而，对版权人和集体管理协会来说，法定许可却是一种无奈的选择。与传统的全面的专有权利相比，法定许可下所保留的获得报酬权，只能是聊胜于无的安排。❸ 从法定许可在《伯尔尼公约》早期文本中的确定过程，以及美国广播组织与集体协会在

---

❶ Makeen Fouad Makeen, *Copyright in a Global Information Society*, Kluwer Law International, 2000, pp. 116~121.

❷ 王清:《著作权限制制度比较研究》，人民出版社 2007 年版，第 258~297 页。

❸ Ralph Oman, The Compulsory License Redux: Will It Survive In A Changing Marketplace?, *Cardozo Arts & Entertainment*, Vol. 5, 1986, p. 39.

修订 1976 年《版权法》的博弈过程来看，法定许可不是为了克服交易成本过高的问题，而是为了削减表演权协会的垄断能力，使专业使用者团体的利益得到保证和加强。从这点来看，组织良好的音乐表演权集体协会，反倒减弱了音乐作品版权人的利益。英国的表演权法庭以及后来的版权法庭对表演权组织所作的种种限制，虽没有法定许可之名，但有法定许可之实，因为它可以在认定版权集体管理组织无正当理由拒绝许可之后，强行授权使用者使用特定权利。这样的结果，怕是著作权集体管理组织的创始人所难以预见的。

版权人和表演权集体管理组织一直在呼吁恢复全面的著作权保护。他们以不动产所有权为参照，认为版权作为一项绝对权，不应当受到过多的限制，应取消各类法定许可的规定，各类版权人都享有不受限制的公开表演权。❶ 取消广播及其他产业的法定许可规定，将促进类似 ASCAP 和 BMI 的民间版权管理组织的产生和发展，这些组织更加简单，更节约成本，更能适应影音娱乐产业的快速发展。❷ 版权人也宣称，把著作权限制为获得报酬权，不符合激励创造者创造并进而增进社会文化发展的目的。版权积极主义者还分析了美国 1976 年《版权法》所规定的法定许可制度实施以来的情况，发现在法律规定可以适用法定许可的场合，使用者仍然主要是通过协商谈判与权利人及其集体管理组织达成许可协议的。因此认为政府的决定被私人的安排所补充甚至取

---

❶ ［美］威廉·W. 费舍尔：《说话算数：技术、法律以及娱乐的未来》，李旭译，上海三联书店 2008 年版，第 123 ~ 158 页。

❷ Robert P. Merges, Contracting into liability rules: Intellectual Property and Collective Rights Organizations, *California Law Review* 84 ［1996］: 1293.

代，法定许可在实践中并没有发挥作用，是应该废除的制度。❶

然而，对垄断的嫌恶与戒备，足以抵消版权人及其集体管理组织所有的辩解。版权已是一种被适度容忍的制度，版权集体管理组织的运行模式即使构成所谓的自然垄断，也是一种易被滥用的垄断；因此，对版权的法定许可，仍然是防止版权人及其集体管理组织滥用垄断地位的工具。从版权许可的实践来看，虽然法定许可被应用的时候尚在少数，多数情形下使用者乐于与版权人及其集体管理协会达成自愿许可协议；然而不可否认的是，现有法定许可可能产生的严峻的后果，促使那些谈判的发生和顺利进行。版权人及其集体管理组织不得不在谈判时服从法定许可的潜在约束和监控，不敢在使用条件和许可费等问题上过于强硬。法定许可也化身为一柄悬挂在版权人及其集体管理协会头上的达摩克利斯之剑，继续维持各方之间的关系以及成为现有体系起作用的条件。

---

❶　美国四种主要法定许可实际被适用的情况都是少数。机械法定许可方面，许可人和被许可人之间多数自行谈判；点唱机许可方面，表演权集体管理组织正在起着重要的作用；有线许可和公共广播许可方面，也大部分没有申请法定许可。总的说来，版权人和使用者都愿意自己来安排许可事宜，即便存在一个不要求许可人和被许可人之间有任何联系就可以发放许可的法定许可机制，这一点也还是非常清楚的。参见 Ralph Oman, The Compulsory License Redux：Will It Survive In A Changing Marketplace? *Cardozo Arts & Entertainment*, Vol. 5，1986，pp. 26～39.

第四节　本章小结

一、垄断之罪与罚

基督教称垄断为罪恶，这一点对西方尤其是英美文化有深刻而长远的影响。从英国、法国及德国的版权发展历史来看，版权/作者权最初都是王室限制书商垄断特权的产物和工具，是以一种代价较小的垄断特权代替已产生较大不良后果的垄断特权。根据达霍斯的分析，英美国家法律对版权以及专利的态度带有浓厚的工具主义色彩，是因为在他们的文化中，人们坚信，作家和发明家像其他人一样付出劳动并获得奖励，这是上帝的安排，但他们所得的符合上帝安排的奖励只是一种临时特权。超过了这一范围就会极大地影响他人的劳动，是对上帝法和王国的基本法的违反。发明家和作家最多只能期望得到某种暂时的优势。这种优势的实质是一种特权。但绝不能超过特权的范畴，否则就会对他人的消极自由权，尤其是在商业和交易方面的消极自由权构成威胁。而交易自由是普通法上的一个基本权利，任何对它构成潜在威胁的特权都是应予警惕和限制的。❶ 虽然后来有许多理论对知识财产的合理性进行论证，但版权诞生之初的历史情境以及版权固有的特性，使得版权是一种垄断特权的观念根深蒂固。

---

❶　[澳] 彼得·德霍斯：《知识财产法哲学》，周林译，商务印书馆2008 年版，第 43 页。

版权作为垄断特权而受到容忍，是因为社会和政府希望通过授予作者版权，刺激文化的生产和繁荣，最终增进社会福利。在作者还不能很好地实现法律给予的这项特权时，表演权集体管理协会的出现，被认为是作者/版权人实现权利并获得应有利益的恰当途径。表演权集体管理协会与生俱来的垄断性质，则被看做是必要的罪恶，也受到了社会的容忍。然而，表演权集体管理组织虽然不仅仅是收费中心，而有着保护创作者的更为复杂的使命，❶ 但它仍然主要是一个经济体，有着利用垄断地位为自身谋求最大利益的各种冲动。因此，对这种垄断势力进行限制在所难免。奉自由竞争为圭臬的英美法系各国，对表演权集体管理组织滥用垄断势力的防备严之又严。在欧洲大陆，虽然对表演权集体管理组织维持垄断有着更加宽容的看法，甚至也有支持表演权集体管理组织维持垄断地位的立法。但欧洲各国尤其是欧盟委员会对集体管理协会的反垄断规制也非常严厉。❷

二、反垄断先锋：专业使用者团体

垄断是一项罪恶，这是普遍的观念。然而很长时间以来，最担心表演权集体管理协会滥用垄断地位的还是使用者团体；正是因为使用者团体不屈不挠的合力争取，表演权集体管理协会才被及时地套上一个又一个的枷锁。这从上文描述的英国历程及美国经验中可以得到鲜明的例证。其实，版权人最初集合在一起，也

---

❶ Dr. Mihaly Ficsor, *Collective Management of Copyright and Related Rights*, WIPO Publication No. 855（E），2002，p. 20.

❷ Josef Drexl, Collecting Societies and Competition Law, in: *Collective Administration of Copyright and Neighbouring Rights*（MPI Book Project）.

是为了从营利性使用者那里分食利用作品所得的利润：饭店、咖啡馆之类的娱乐场所表演音乐作品，增进其营利性服务的增殖能力，版权人只有集中起来才可以从使用人那里分割新的收入流；广播时代到来之前，使用者还没有联合起来，版权集体管理组织没有受到大的对抗。自从广播时代产生了专业的使用者之后，使用者被轻易地而且是良好地组织起来，成为表演权组织最经常最强烈的批评者和对抗者。就英国的情况看，虽然表演权协会与广播组织 BBC 的关系总的说来比较和谐，但是其他使用者团体的对抗一直伴随着表演权协会的发展过程；就 BBC 而言，它对表演权协会的态度也是爱恨交织，一方面乐于享受表演权集中许可带来的便利，另一方面也对表演权协会提高许可费非常不满。美国使用者对其国内的表演权集体管理组织，有着更深的反感，他们一直在试图置 ASCAP 与 BMI 于非法的境地，解散这两大表演权协会，而不是降低许可费标准，才是他们更希望看到的结果。❶

　　反对表演权集体管理组织的人会说，由于权利越来越集中到大的商业集团手中，表演权协会已经不再是作者的代表。然而使用者团体也绝不是终端使用者的集中，它一样是产业利益——广播产业、录音产业、娱乐产业以及新兴的数字产业的代表。专业使用者团体常化身为公共利益的代言人，向立法机构施加压力要求限制版权人及其集体管理组织的力量，这让版权人无以招架。在数字技术到来之前，版权通常只是专业人士的角斗场，终端使用者始终处在版权规则之外。终端使用者对作品个别、少量、私

---

　　❶　Prof. Glymn Lunney, Copyright Collectives and Collecting Societies: the United States Experience, in Daniel Gervais（ed.）, *Collective Management of Copyright and Related Rights*, Kluwer Law International, 2006, pp. 311～345.

人范围内的使用，长期以来落入公共领域范畴，为版权所不及。❶
对版权集体管理协会的反垄断限制和法定许可制度，亦是版权集
体管理组织与专业使用者团体较量的结果，与终端使用者无涉。
然而使用者团体一方面利用公共利益这个含义模糊的概念，另一
方面将自己说成使用者的代表并在公共利益与使用者权之间划上
等号，这个策略颇有说服力和虚饰性。通过分析表演权集体管理
组织受到审查和限制的过程，我们应当清楚：即便使用者权可能
是许多公共利益的简称，但这种表述也削弱了公共利益的广度和
深度，更何况专业使用者团体与终端使用者其实是两回事了。❷

---

❶ Prof. Dr. Daniel Gervais, The Changing Role of Copyright Collectives, in Daniel Gervais（ed）, *Collective Management of Copyright and Related Rights*, Kluwer Law International BV, The Netherlands, 2006, pp. 3～36.

❷ 特雷莎·斯卡萨："利益平衡"，载［加］迈克尔·盖斯特主编：《为了公共利益——加拿大版权法的未来》，李静译，知识产权出版社 2008 年版，第 29 页。

第五章

著作权集体管理组织的功能变异

第一节 表演权集体管理组织的基本功能

一、保护作者的精神利益和经济利益

表演权集体管理组织的功能，在 1926 年成立的表演权组织国际联合会（CISAC）章程中有清楚的概括。该章程第五条指出，管理作者权利的组织是：（1）以提高作者的精神利益并保护其经济利益为目标，并且对此目标予以有效的保证；（2）具有收集和分发版权使用费的有效机制，并且对管理获授的权利承担全部的责任。WIPO 版权集体管理事务专家 Ficsor 博士认为，CISAC 章程中的上述条款表明，作者协会不仅仅是"收取和分发版权使用费的有效机制"，它们的目标，总的来说，延及"提高作者的精神利益和保护作者的经济利益"。要实现这后一个任务，协会必须具备以下条件：协会的背后有一个真正的创作者的联合体，这个联合体具有共认的目标及恰当的组织架构，能够引领作者们的联合努力；这个联合体的法律和规范能够表达作者职业的统一和独立，并且提供充分的保证去实现提高作者精神利益、保护作者经济利益的高尚目标。❶ 总而言之，表演权集体管理组织的目的和功能主要体现在两个方面：一是收集和分发版权使用费，二是促进和保护作者的精神利益和经济利益。长期以来，表演权集体

---

❶ Dr. Mihaly Ficsor, *Collective Management of Copyright and Related Rights*, WIPO Publication No. 855（E）, 2002, pp. 20~21.

管理组织也一直致力于集体管理权利，并且开展联合行动谋求会员的合法利益和权利得到更好的立法体现和社会承认。这一点在本文第三章中有比较全面的分析阐述。

二、对会员生活的保障和救济

除此之外，表演权集体管理协会还普遍在协会内部设立会员基金，以照顾那些按照一般版权使用费收发机制无法实现经济利益、不能维持生活的会员，这是表演权集体管理协会的一项传统的保障功能，这项功能由所谓的"10% 规则"予以保证。

早期的集体管理协会认为，从协会收取的使用费中拨款成立会员基金，是帮助在其职业生涯之初端及末端经济困难的作者所必需的，同时也需要帮助他们的遗孤和遗孀。第一个集体管理组织——法国的 SACD 于 1829 年开始在协会章程中规定了这种制度，倡议创立援助基金，使作者的继承人、遗孀和家庭受益；创立救济补偿基金，使退休的作者受益。出于同样的考虑，SACEM 早期的章程中也包括这样的内容：每个会员把他收入的一部分捐献出来成立一个社会基金，包括救济基金和援助基金。德国 AF-MA 成立于 1903 年，在斯特劳斯的影响下，也拨付利润的 10% 成立会员援助基金。❶

普通法系的表演权协会或许更加功利一些，但在对会员的帮助方面也很早就开始了。英国表演权协会（PRS）在 1932 年建立了会员资助基金（Members' Assistance Fund），帮助大量不那么有才华、不那么幸运的作者，这些作者还不能依靠作品谋生，也

---

❶　Dr. Mihaly Ficsor, *Collective Management of Copyright and Related Rights*, WIPO Publication No. 855（E），2002，pp. 20 ~ 21.

没有充足的可替代的收入来源。1933 年该基金更名为慈善基金，每年由表演权协会从收取的许可费中拨付 0.5%，为有紧急需要的作者（出版者只可以捐款，不得从慈善基金中受益）提供贷款或小额救助，这个比例后来逐年上升，到 1938 年达到 2%。[1] 现在，PRS 会员基金为会员提供更为全面的帮助：常规的经济资助；老年会员或依靠老年会员生活的人，如果其收入不足以维持基本生活水平，可以每周获得补助金；借贷；紧急援助，如果遭遇突然的疾病或事故，可以获得救助金；给老年或残疾的会员提供政府不能给予的一次性资助，比如换掉旧电视机或其他的家用设备；给那些自己无力支付旅费的老年会员提供经济资助，帮助其实现休假计划；等等。[2]

　　从收取的使用费中抽取一定比例的经费设立会员基金，为会员提供紧急救助或年老残疾扶助的做法，通过 CISAC 的倡导，成为世界各国表演权集体管理的普遍规范。1933 年，CISAC 发布了表演权相互代表协议范本（Model Contract of Reciprocal Representation Between Public Performance Right Societies），该合同范本第八条第二款规定：签订表演权相互代表协议的双方，如果没有为了支持其会员的慈善救济或资助基金，也没有为了激励本国的艺术或支持任何服务于类似目的的基金会，而收取额外的费用，那么每一方都可以从己方代表合同另一方所收取的使用费中扣最高

---

[1]　Cyril Ehrlich, *Harmonious Alliance*：*A history of the Performing Right Society*, Oxford University Press, 1989, pp. 101 ~ 102.

[2]　http：//www. prsformusic. com/membership/prsmembersfund/pages/prs-membersfund. aspx，最后访问时间：12/20/2008.

为 10% 的费用，用于上述目的。❶ 由于表演权相互代表协议范本被世界各国的表演权集体管理协会广泛采用，CISAC 规定的"10% 规则"也被普遍采纳。比如，美国最大的表演权组织 AS-CAP 也在其章程中规定，协会董事会有权从收取的使用费中扣除不多于 10% 的金额，用于会员救济以及开展社会文化活动。❷

表演权集体管理组织运用会员基金，为尚不能以创作谋生的年轻人、年老、疾病的会员及其家人提供生活保障，这是表演权组织诞生之初就有的"兄弟般联合互助的感情"对集体管理组织活动的持续影响，也是维持作者权利集合体所需要的团结一致因素的驱动。不过，无论如何，这还是内部的机制，除了为社会减轻了一部分养老和疾病保障负担外，并没有其他直接的社会功能。

---

❶ 该款的英文原文为：（II）When it does make any supplementary collection for the purpose of supporting its members' pensions benevolent or provident funds, or for the encouragement of the national arts, or in favour of any funds serving similar purposes, each of the societies shall be entitled to deduct from the sums collected by it on behalf of the co-contracting society 10% at the maximum, which shall be allocated to the said purposes. 详见 Model Contract of Reciprocal Representation Between Public Performance Right Societies, http://www. cisac. org/CisacPortal/consulterDocument. do？id = 10269，最后访问时间：12/20/2008.

❷ http：//www. ascap. com/reference/articles. pdf，最后访问时间：12/20/2008.

第二节　表演权集体管理协会的新功能——促进社会文化发展

作者权体系的学者认为，版权/作者权集体管理组织的成立本身，其实就是对社会文化的促进和贡献。集体管理组织自成立之初就已经选择帮助作者，力图通过一个全球性的处理版权的制度，填补政府活动的缺漏：一方面政府虽已授予作者享有作者权，但不能确保该权利得以实现。[1] 创造者整体从集体管理协会的活动中受益，因为集体管理协会通过安排集体许可，加强了作者实现权利、获得生存保障并进一步发展的能力，这又进一步促进了文化的繁荣和发展；另一方面，集体管理协会的许可安排确保使用者利用所有的作品都具有法律安全性，同时节省了可能浪费在确认和联系权利人并与他们进行个别谈判的时间。因此，集体管理协会在作者和公众之间扮演了集体调停者的角色，安抚了市场，并使市场理性化，使社会整体在经济上和文化上受益。[2]

然而，表演权集体管理协会并不是一开始就认识到自身天然具有对社会文化的促进功能。他们是在遭遇到专业使用者团体的

---

[1] Sylvie Nerisson, Social Function of Collective Management Societies, in: *Collective Administration of Copyright and Neighbouring Rights* (MPI Book Project).

[2] Sylvie Nerisson, Social Function of Collective Management Societies, in: *Collective Administration of Copyright and Neighbouring Rights* (MPI Book Project).

敌意和对抗以及政府部门的反垄断制裁之后，才逐渐意识到可以通过在表演权集体管理组织的活动与社会文化发展之间铺设通道，来影响和改变公众对表演权集体管理的抵触和对抗，为集体管理著作权谋求良好的社会环境。为此，表演权集体管理组织不得不逐渐淡化自己维权斗士的形象，并在具体运作方式以及宣传策略上有所改变，强调集体管理模式给公众和使用者带来的好处。表演权集体管理协会设定了相关制度，长期开展各种社会文化促进活动；表演权集体管理协会的功能在悄然发生着变化。

一、英国表演权协会发展新功能的过程

就英国表演权协会 PRS 而言，改变自己在公众心目中的形象的想法由来已久。20 世纪 40 年代初期 PRS 赢得了对 Gillette 案的诉讼，成功地排除了公共利益要素对音乐版权保护的阻滞，扩大了公开表演权覆盖的范围。但是，该案也使得公众对 PRS 更加反感，对 PRS 的合理性质疑一时间充斥当时的各主要媒体。英国国会也在认真考虑 PRS 多重许可行为的合法性。公众目睹 PRS 从 BBC 那里收费之后，又从表演者那里收费，现在又要从收听节目的为了国家利益而生产的工厂收费，这令公众难以容忍。因此，虽然英国政府和法院一再表明支持 PRS 的立场，公众仍然坚持不懈地申诉，请求国会立法对 PRS 这个可怕的机器进行严厉的约束。❶ 这种情况促使 PRS 反思协会长期执行的公共政策，认为协会过去不注重建立良好的公共关系，没有向公众宣传并让公众理解协会的目标、功能和活动性质；Gillette 案激起的对表演权协会

---

❶ Cyril Ehrlich, *Harmonious Alliance*: *A history of the Performing Right Society*, Oxford University Press, 1989, pp. 94～96.

的敌对情绪，就是这种政策带来的不良后果之一。因此，在 Gillette 案进行过程中，表演权协会成立公共关系委员会（Public Relations Committee），提出许多建议，包括更改表演权协会的现有名称——The Performing Right Society Ltd. 。❶

　　但是，如何有效地改变公众对表演权集体管理协会的态度，获得公众的理解和支持，公共关系委员会还一直没能找到突破口。1947 年以促进严肃音乐发展为使命的伦敦现代音乐中心（London Contemporary Music Centre）曾向表演权协会请求获得经济资助，但遭到拒绝；表演权协会认为帮助会员以外的组织，是违反表演权协会章程和全体会员共同利益的。1951 年版权改革委员会成立之后，使用者团体以及公众再一次要求通过立法限制版权、限制表演权协会的垄断地位和能力，表演权协会意识到帮助其他相关组织、发挥文化促进功能，是表演权协会改变形象、得到认同、影响社会的重要途径。于是，从 1953 年开始，PRS 扩大了慈善机制的适用范围，从会员基金中拨付款项支持新音乐。由于支持新音乐的需求在增长，20 世纪 60 年代末，表演权协会成立了专门的捐献与奖励委员会。到 20 世纪 90 年代后期，该委员会每年分配 25 万英镑支持新音乐。2000 年，PRS 成立独立的慈善组织——PRS 基金会——以专门支持各种类型的新音乐。PRS

---

❶　表演权协会认为现有名称引人误解，会令公众把它当做一个一般的商业公司，取得和利用表演权的唯一目的就是为公司自身获取利润。因此，拟采用新的名字——英国作者、作曲者和出版者协会，新的名称被认为较少商业性，能够体现协会成员和活动的特性，能够让公众认同和接受协会的功能和作用。但是这个建议最终没有得到政府主管部门的认同。Cyril Ehrlich, *Harmonious Alliance*: *A history of the Performing Right Society*, Oxford University Press, 1989, pp. 103～104.

基金会的主要目的是激励和支持英国新音乐的创作和表演，并确保新音乐作品的表演能被广泛地传播。自 2000 年以来 PRS 基金已经支持了超过 2 500 场新音乐行动，投入资金超过 1 000 万英镑，是支持先锋音乐活动的重要力量。❶

二、美国 ASCAP 基金的社会服务

美国 ASCAP 基金成立于 1975 年，致力于支持美国音乐创作者并鼓励他们通过音乐教育和专业发展项目得到提升。ASCAP 设立专项基金的年代，也是 ASCAP 感到外部环境非常不利的时候。此时从 20 世纪 60 年代开始的版权法修改工作已经接近尾声，各个版本的修定案都对公开表演权作出了种类繁多的限制，教室教学、教育电视台在教育组织的播放、宗教服务、慈善义演、有线电视免费转播、旅馆内部播放、公共场合的广播接收等都被规定为公开表演权的例外。如果这些限定成为法律现实，势必直接影响 ASCAP 许可覆盖的范围。❷ 同时，虽然美国司法部与 ASCPA 订立的和解协议，使 ASCAP 如同被关进牢笼的猛兽，失去威胁，但使用者团体依然在煽动公众对 ASCAP 的不满与敌意。❸ 在此情形下 ASCAP 成立专项基金，开展文化促进活动，不能不说有着特殊的考虑。ASCAP 基金开设了内容丰富、形式多样的音乐促进活动，目的是为后起之作曲者和作词者提供专业发展的机会，对音

---

❶ http：//www. prsfoundation. co. uk/about/index. htm，最后访问时间：12/20/2008.

❷ Makeen Fouad Makeen, pp. 85～102.

❸ Simon H. Rifkind, Music Copyright and Antitrust：a Turbulent Court-ship, *Cardozo Arts and Entainment*, Vol. 4：1, 1985.

乐创作者的成就予以承认，对学生进行音乐教育以及为社会成员提供接近音乐的机会。❶ 多年来，ASCAP 基金已经发展和建立了自己的奖项和音乐教育项目，也与其他组织合作来达到这些目标。比如"曼哈顿音乐学校音乐夏令营"项目，向在纽约公立学校注册的 5 ~ 8 年级的、有音乐才华但在其学校或社区得不到音乐训练机会的学生，提供免费的、深入的和高质量的音乐训练；"教室创造力活动"（Creativity in Classroom）项目，帮助学生辨别自己的创造性作品，并理解作为知识产权人的权利以及保护他人创造性财产的精神；"孩子的倾听"（Children Will Listen）项目，为那些没有机会体验音乐戏剧的青少年提供往返车票和免费戏票，使他们有机会接触一流的音乐戏剧产品；"学校音乐"（Music in Schools）项目，为公立学校的学生提供各种乐队演奏等；"ASCAP 基金青年作曲家奖"，对作曲家早期职业生涯予以支持；也有专门的项目，为纽约的残疾人进行音乐表演，等等。2007 年，ASCAP 为各种音乐促进项目投入 1 069 244 美元。❷

三、新功能与新形象：文化多样性

PRS 与 ASCAP 各自在 20 世纪 50 年代和 20 世纪 70 年代建立音乐文化促进基金，是有着复杂的社会背景和原因的，比如音乐作为音乐版权市场的源头受到重视，音乐形式单一化趋势令人担忧等。但更为重要的是，表演权集体管理组织经过了几轮反垄断的挑战之后，也试图借助开展文化促进活动，改变自身在公众中

---

❶　http：//ascapfoundation. org/about. html，最后访问时间：12/20/2008.

❷　同上。

的形象，以得到更多使用者及社会公众的理解和同情。这种策略在某种程度上是成功的，至少在保护文化表达多样性方面，被认为是有贡献的。表演权集体管理组织通过设立基金，开展音乐文化教育、扶持年轻音乐人、资助非主流音乐的发展，的确在保护文化表达多样性方面作出了自己的贡献。迪兹教授认为，集体管理组织在刺激创造和影响文化以及语言文化多样性的增长方面扮演了重要的角色；集体管理组织所开展的文化促进活动，在一定程度上减轻甚至解除了政府的负担，如果没有集体管理组织开展的这些文化促进活动，政府应当在促进文化艺术方面承担更多的义务。❶ 在作者权体系国家中，集体管理更是被视为社会保障和文化发展活动必不可少的力量，政府多在立法上对集体管理协会予以支持和引导。作者权体系中的各国政府认为，把作者的社会保障放在私营部门（Private sector）手里，并不符合作者的最大利益。私营部门只注重制造利润而不是社会保护。如果把保护作者的责任完全交给市场，对艺术和科学创造力的支持，将完全由市场选择，换句话说，由那些具有最大购买力的人来选择。相反，如果把保护创造者的社会责任都交给政府，就有回到政治审查的风险。理想的方法是，一方面允许作者自愿组织一个分配制度，另一方面允许立法者利用集体管理系统的一部分以及集体管理组织的经验。❷ 欧洲各国普遍把最早应用于表演权集体管理组

❶ Prof. Adolf Dietz, Cultural Functions of Collective Societies, in：*Collective Administration of Copyright and Neighbouring Right*s（MPI Book Project）.

❷ Sylvie Nerisson, Social Functions of Collective Management Societies, in：*Collective Administration of Copyright and Neighbouring Rights*（MPI Book Project）.

织的"10%规则",适用到复制权集体管理组织,并且对某些特定复制类型上的许可费,规定了更高比例的扣除比例,用于发展社会文化目的。比如西班牙坚持从私人复制领域收取的补偿费中留取10%用于社会活动;德国VG Wort保留了公共借阅权补偿费的45%;法国《知识产权法典》要求公共借阅权强制许可项上的补偿金中将不多于一半的部分用于救济基金;奥地利《集体管理法》则要求将空白录像带所收取的私人复制补偿税的50%用于促进和组织社会文化活动。[1]

四、两难：社会文化功能与会员利益的冲突

从著作权作为排他权的角度去评判表演权协会(以及其他著作权集体管理组织)的社会文化活动,会得出不同的结论。赞成者认为文化活动至少是间接地对集体组织的会员有利,因为这激励了公众对创作者及其作品的尊重。文化促进活动也对创作活动有额外的刺激,而且提高了那些不为消费者所知的作品的知名度。[2]

反对者认为,授权集体组织开展文化活动与创作者的排他权相冲突,而且有消减集体组织公共合法性的风险。对第一个问题,他们称集体管理组织开展文化促进活动违背了作者及其他权利人的真实意愿。虽然实践中作者及其他权利人会在入会协议上

---

[1] Sylvie Nerisson, Social Functions of Collective Management Societies, in: *Collective Administration of Copyright and Neighbouring Rights* (MPI Book Project).

[2] A. Dietz, Legal Regulation of Collective Management of Copyright (Collecting Societies Law) in Western and Eastern Europe (2002), 49 *Journal of the Copyright Society of the U. S. A.*

签字，同意集体协会所拟的包括用权利人的使用费开展文化活动的条款在内的所有条件，但作者只是名义上同意进行文化活动，因为他们加入的组织早已开展这样的活动，这只是例行公事，实际上他们可能不同意文化促进活动。对第二个问题，集体组织拥有的垄断许可能力，已经在使用者集团中产生了怀疑。面对这样的怀疑，集体管理组织应当适时地把重心放在它的首要使命上，即管理创造性权利。❶ 另外，由于社会文化促进活动的受益者主要是内国国民，一般并不直接惠及外国权利人及社会文化，因此对那些版权产品输出国来说，与他国集体管理组织签订相互代表协议，允诺对方可以扣除代收的许可费以发展对方所在国的社会文化，自己是有所损失的。因此，近些年来有一些集体管理组织已经要求其同行降低甚至取消文化活动资金，以最大限度地分发使用费，并确保外国作者不会因其他国家的文化促进活动减少收入。这个趋势至少在普通法系国家已经比较明显。❷

对委予集体管理组织促进文化之责的合法性和明智性的争论，其实也揭示了一个长期困扰集体管理组织的问题：集体管理组织，尤其是表演权集体管理协会，一直致力于保护创作者的权益，为此做了各种艰难的工作，拓展了创作者的权利范围，延伸

---

❶ Prof. Laurence R. Helfer, "Collective Management of Copyright and Human Rights: An Uneasy Alliance", in Daniel Gervais (ed.), *Collective Management of Copyright and Related Rights*, Kluwer Law International, 2006, pp. 83~115, p. 108.

❷ See Competition Commission of the United Kingdom, "Performing Rights: A Report on the Supply in the UK of the Service of Administering Performing Rights and Film Synchronisation Rights", www. competition-commission. org. uk/rep _ pub/reports/1996/fulltext/378c9. pdf, 最后访问时间：20/12/2008.

了集体许可覆盖的领域，然而，这些活动也招致了对版权及集体管理协会的种种对抗与限制。表演权集体管理组织树立新的形象，发挥社会文化功能，也是为了得到社会承认，谋求友好的运行环境；换言之，也是为了在权利人与社会公众之间建立连接纽带，以保持多方利益之间的微妙平衡。❶ 但是作为权利人的自助组织，社会文化功能的设定与实现，似乎在削弱集体管理组织作为权利人集合的特性，或多或少偏离了其创立之初的宗旨——为了权利人。

第三节 作为中介的集体管理组织：从集体管理到集中许可

传统表演权集体管理模式遭遇到两难境地：为实现权利人利益而集体管理表演权造成的垄断，反过来招致对表演权及其实现方式的限制；为增强表演权集体管理协会的合法性与正当性而向使用者和社会公众倾斜，又影响了权利人应当获得的利益。正是这样的两难境地，催生了对新的许可模式的探索。新的模式所具有的功能，却又大大超越了传统表演权集体管理组织所具有的基本功能，甚至反过来对传统集体管理模式构成了威胁。在探索新的集体许可模式方面，作者权体系和版权体系又一次选择了不同

---

❶ Dr. S. von Lewinski, Functions of Collecting Societies in General, in: *Collective Administration of Copyright and Neighbouring Rights* (MPI Book Project).

的方向。就版权体系的代表美国而言，使集体管理组织成为不偏不倚的中间人，是平衡权利人与使用人的新选择；美国版权结算中心（Copyright Clearance Centre，简称 CCC）正是新集体管理模式的开创者和代言人。

一、CCC 成立的技术和版权环境

1959 年，施乐公司（Xerox）利用静电复印技术制造的方便快捷的 914 型复印机面世。与以往的复印技术相比，这种复印机器不仅操作方便，而且可以在短时间内大量复印，所用的纸张也非常便宜。因此，静电复印机很快就成为办公室、图书馆、学校以及研究机构的必备工具。[1] 在此之前，虽然照相复制机器已经应用了很长时间，但由于照相复制技术操作复杂，并且需要用昂贵的照相纸，这种复制机器并没有大规模流行。手抄或打字，还是复制的主要方式。

虽然各国版权立法都把控制作品的复制当做一项重要的基本权利授予作者及其他版权人。但这种复制权的创设，是针对商业性的作品使用者的，具体言之，是针对出版商而设定的，其初衷是为了限制出版商的特权。[2] 在大规模复制时代到来之前，复制权一直是一种由版权专业人士行使并依赖专业人士的权利；复制权规则的设立，也是围绕着分配和组织新的市场来进行的。在非商业性的、非专业人士的复制还没有影响到已有的版权市场时，

---

[1] "静电复印的故事"，载《电子科技》2001 年第 3 期，第 3~5 页。

[2] David Saunders, *Authorship and Copyright*, Roulteledge, London, 1992, pp. 149~167.

版权法是不阻止这种复制的。❶ 就美国版权实践而言，这种复制行为一直被视为对版权作品的合理使用，不构成对版权的侵犯。美国的图书馆多年来也一直在为研究者复制版权作品，并且与美国出版商协会制定"君子协议"，遵照双方对"合理使用"规则的共同认定和细化来实施复制行为，提供复制服务。❷

　　静电复制技术的应用打破了美国出版商与图书馆长期建立起来的平衡关系。由于新的复制技术方便快捷并且成本低廉，大规模复印成为可能；另外，长期以来图书馆虽然不经版权人许可也不支付使用费就可以复制有限的版权作品，但图书馆对向其申请复制作品的研究人员，是要收取费用的。这使图书馆不能避免充分利用这项新的复制技术进行大规模的复制，满足研究需要的同时或许也改善图书馆的财政状况。比如美国国家医药图书馆（National Library of Medicine，简称 NLM）购买了数量众多的静电复印机，不停地运转，场面犹如印刷工厂。其在 1968 年一年就应 12 万份馆际互借要求，影印了大量的医学期刊文章。与 NLM 同属于美国卫生、教育和社会福利部的国家卫生研究所（National Institute of Health，简称 NIH） 1970 年一年就影印期刊文章共计 93 万页。❸

　　NLM 与 NIH 所大规模影印的科技期刊文章中，包含了 Wil-

---

❶　Prof. Dr. Daniel Gervais, The Changing Role of Copyright Collectives, in Daniel Gervais（ed.）, *Collective Management of Copyright and Related Rights*, Kluwer Law International, 2006, p. 8.

❷　翟建雄："美国版权法中图书馆复制权的例外规定——第 108 节的历史考察"，载《法律文献信息与研究》2007 年第 2 期，第 1 ~ 15 页。

❸　Williams & Wilkins v. United States, 487 F. 2d 1345（Ct. Claims 1973）.

liams & Wilkins 出版社所出版的成千上万篇医学论文。Williams & Wilkins 出版社认为 NLM 与 NIH 未经许可复制其出版的期刊中的文章，构成了对出版社版权的侵犯，因此于 1968 年提起在美国版权史上著名的 Williams & Wilkins v. United States 一案。这个案件的审理过程一波三折。1972 年联邦行政法院作出一审判决，支持原告的诉求，认定被告未经授权复制原告作品的行为构成侵权；1973 年行政法院在二审判决中推翻了一审判决的认定；1975年，美国联邦最高法院以 4∶4 的表决，支持了二审判决。在长达 7 年的审理过程中，各方就多项问题展开了热烈的讨论，不同阶段的判决和法官的观点都产生了深远的影响。❶

支持被告获得胜诉的，是美国版权法的一个重要原则——合理使用原则。政府虽然承认了未经授权大范围影印文章的事实，但力辩影印构成美国版权法下的合理使用，因此不构成侵权。上诉法院以及最高法院都认可了政府的抗辩。但是，法院不能认定被告构成侵犯版权还有其他的考虑，比如，如果法院认定图书馆应读者请求复制他人作品构成侵权，那么接下来就必然面临"一般读者自己复制他人作品是否构成侵权"的问题，对这个问题的回答将对美国新技术条件下的版权人和社会公众的利益产生重大的影响，法院不愿意冒此风险，因此决意把这个问题推给国会。❷

另外，法院认为，由于当时还不存在相关许可机制，即使判定被告大规模影印他人作品需要获得版权人的许可并向版权人支

---

❶　关于本案的全过程，Paul Goldstein 有过全面、深入、生动、诙谐的介绍和解析。详见 Paul Goldstein, *Copyright Highway*：*From Gutenberg to the Celestial Jukebox*，Standford，California，2003，pp. 63～105.

❷　Paul Goldstein, pp. 93～94.

付报酬，实际上也很难做到。这种权利行使上的难题，与公开表演权当年遭遇到的完全一样：使用者和权利人都数量极多，涉及的作品也不计其数；就每次使用而言，规模和数量又极小；要求使用者在每次使用作品时都去寻求许可，是不现实、不经济的。Williams & Wilkins 出版社一直在寻找合适的授权许可办法。在诉讼的间隙，Williams & Wilkins 出版社向国家医药图书馆和卫生研究所提出和解建议。根据这项建议，只要这两家图书馆以每页 5 美分为基础支付使用费，就可以在图书馆的正常运作过程中为读者自由地影印该出版社的所有期刊论文。该出版社后来又提出了新的授权方案。新方案专门对图书馆用户实行"一揽子许可"（Blanket License），只要图书馆能够以高于一般个人订阅价的价格（所谓机构价格），订阅该出版社的所有期刊，就可以获得一揽子许可，可以不限次数地自由影印期刊中的论文。除了这两家图书馆外，一揽子许可也向其他图书馆开放。但是，Williams & Wilkins 出版社的和解建议最终没有被美国国家医药图书馆和卫生研究所接受。❶ 在本案二审过程中，针对被告提出的"若认定原告有控制作品影印复制的权利，医学科学研究的发展就会受到阻滞"的抗辩，Williams & Wilkins 出版社向法院表示其本意不是要禁止图书馆影印复制其版权作品，它非常乐意许可图书馆继续影印期刊文章，但希望得到合理的使用费作为补偿；虽然缺乏现实可行的许可机制，但出版社提出的授权许可方案可以作为参考。然而法院认为，法院没有法定权力去创造一个许可机制；把医学研究的发展托付给这种还只是有若干可能性的许可方式，并不

---

❶ Paul Goldstein, pp. 85~87.

合适。❶

法院的态度令美国出版商和其他版权人非常紧张。静电复制机器对版权人的影响在日益加深，这一点连审理该案的法官也承认："图书馆所影印的复制件，与原始的期刊论文完全相同；影印复制件的目的，乃是取代并达到与购买原论文同样的目的。图书馆影印期刊论文是出于读者的请求，而这些读者正是构成原告市场的消费者。因此影印的结果必将使得原始期刊的潜在市场因此受到影响。"❷ 该案的审理过程，恰是美国国会讨论修改 1909 年《版权法》的后半程。出版商与图书馆代表在法院的角力，延伸到了立法场合。最终新的《版权法》对图书馆复制作出了严格的界定：一部作品只能复制一份复本；复制作品须无直接或者间接的商业利益；复制件必须载有版权通知或者以图标形式提示该作品可能处于保护之下。❸ 在此界定之外的复制，就应当获得授权许可并支付使用费。国会同时建议出版商和作者建立版权集体许可机制，来实现学术需要与作者权利的平衡。❹

二、CCC 运营的集中化与中间化特点

虽然表演权集体管理组织在美国的运行已经超过半个世纪，也已经取得了不小的成效。但出版商和复制权权利人不打算复制 ASCAP 以及 BMI 或者 SESAC 的集体化模式。主要的原因在于，

---

❶　Williams & Wilkins v. United States，487 F. 2d 1360.

❷　Paul Goldstein，pp. 84 ~ 85.

❸　《美国版权法》（1976），孙新强、于改之译，中国人民大学出版社 2002 年版，§108（a）.

❹　http：//www. ifrro. org/show. aspx？pageid = members/rrodetails&memberid = 8，最后访问时间：12/20/2008.

ASCAP 等表演权集体管理组织采取为权利人集中定价的方式，给使用者颁发一揽子许可，其中的垄断因素招致了美国政府和使用者长期的抵制和反对。虽然美国司法部与 ASCAP 以及 BMI 签订的和解协议减弱了表演权集体管理组织的反竞争能力，但只要后者继续采取集体化模式，垄断本性始终不能避免。另外，表演权集体管理组织在发放许可、收取分配使用费以及其他方面对会员所采取的集体化措施，也令一些权利人感到受到束缚。因此出版商决定采用一种把许可活动集中起来，但不在许可条件和定价上采取集体行动的新方式。1978 年由出版者、作者和使用者代表共同成立的美国版权结算中心（Copyright Clearance Center，简称 CCC）就采用了这种集中许可而非集体管理的模式。

CCC 的目标是确保科学、技术和医学期刊的出版商能从大学、图书馆、私人企业那里获得复制补偿；同时也代理杂志、新闻通讯、图书和报刊权利人进行复制权许可。CCC 成立之初采取的是单次使用许可（per-use-license）：出版商把确定好的复制价格印刷在期刊上，并说明如果给 CCC 支付复制费，就可以为个人或内部使用而复制期刊论文。使用者在每次复制之后，将所保存的复制记录，或者所复印的文章的首页（以便计算复制的页数）寄送给 CCC，CCC 以使用者的使用记录或所复印的文章首页来计算使用费并给使用者寄发账单。在扣除了管理费用之后，使用者交来的使用费被转到各个出版商那里，后者根据与作者签订的合同把其中的一部分给作者。❶

这种制度被称为交易报告服务，后来使用者发现其过于繁

---

❶　Dr. Mihaly Ficsor, *Collective Management of Copyright and Related Rights*, WIPO Publication No. 855 （E），2002，pp. 72～74.

琐；频繁保存并寄送复制记录，让使用者不堪其烦。因此，从
1984 年开始，CCC 引入了新的方式，即年度授权服务。这种服务
框架下授予的许可，以产业范围内的、根据对各种类型的复制水
平而作的统计系数为基础。复制系数采自对每个被许可人采样点
为期 60 天的复制调查。然后根据该系数并考虑被许可人的雇员
数量，估算每个被许可人全年的复制数量。对权利人的分配同样
以该调查所得数据为基础。[1]

CCC 后来根据版权市场的扩充和技术的发展，开发了许多新
的许可模式和服务，比如专门针对网络使用的 Rightsphere、
Rightlink 等程序和制度。[2] 但是，就复制权许可的基本类型来说，
还是单次使用许可和年度授权许可两类。因此，从许多方面来
看，CCC 与 ASCAP 等表演权集体管理组织有很多共同点。首先，
二者都是把不同权利人的权利集中在一处，由同一的平台、系统
和程序来完成对版权的授权许可；两种模式都具备了“集中”的
要素。其次，通过这种集中，两种实现版权的模式都极大地降低
了版权交易的成本。两种模式都是对个别行使权利而不得的状况
的改变，是个别单独行使版权的优质替代方式。

但是 CCC 还具备了一个独特的因素，即参加 CCC 的每个权
利人都可以独自对复制自己作品的条件和价格作出决定和安排。
版权结算中心（CCC）把向其注册的权利人所确定的条件和价

---

[1] Dr. Mihaly Ficsor, *Collective Management of Copyright and Related Rights*, WIPO Publication No. 855（E），2002，pp. 72～74.

[2] Scott M. Gawlicki, Supporting the Growing Copyright Compliance Culture，http：//www. copyright. com/inside_ counsel_ News_ 2006. pdf，最后访问时间：12/20/2008.

格，通过特设渠道通知潜在的复制人，并根据安排收取相应的许可费。对收到的许可费，CCC 只扣除管理费，把剩下的全部费用都交给出版商，后者再根据与作者的协议分给作者一定比例的使用费。从这点看，CCC 是一个典型的中间组织——在版权人与使用人之间沟通和传递版权使用的信息和资费，居间中立，并无偏私。除此之外，CCC 不具备其他功能，比如为会员的利益在版权立法中积极游说、为会员的职业生涯提供某种保障或福利、开展社会文化活动等，而这些功能却是表演权组织固有或后来逐渐增加的。CCC 的中间性也体现在 CCC 董事会组成上——由出版商、作者及使用者共同组成。❶

三、CCC 模式对传统集体管理模式的冲击

CCC 采取的由权利人在集中的平台上个别地进行许可的方式，与传统集体管理组织集中权利、集体许可的方式大为不同；CCC 所具有的建立平台、传递讯息、代为收费的功能，与传统集体管理组织作为权利人代表和集合体所发挥的功能，也有所分别。因此，有学者建议把 CCC 所代表的管理模式称为集中管理，以有别于真正的集体管理；并且对于二者共存的局面，可以用"联合管理"这个新概念来涵盖。❷

---

❶ Copyright Clearance Center, 2007 *Annual Report*, www. copyright. com/AR_ CCC_ 07_ Spreads. pdf, p. 4，最后访问时间：12/20/2008.

❷ Dr. Mihaly Fiscor, Collective Management of Copyright and Related Rights in the Digital Networked Environment: Voluntary, Presumption-Based, Extended, Mandatory, Possible, Inevitable? in: Daniel Gervais（ed.）, *Collective Management of Copyright and Related Rights*, Kluwer Law International, 2006, p. 38.

然而，CCC 并不仅是传统集体管理组织并肩而立的共存者。它的出现以及在版权许可市场的成功，再一次对传统集体管理模式的存在合理性造成了不小的冲击。

传统集体管理组织在两个方面构成对自由竞争的违反，一是集体管理组织自身，由于囊括了几乎全部（或者占绝对多数）的作品，在相关的版权许可市场具有优势，能够控制价格，形成垄断地位。这种集体管理组织的垄断地位，在大陆法系一些国家得到立法的支持，因此垄断性增强；在美国，则由于法律不支持垄断，而且许可市场形成了多家并存的局面，因此集体管理组织自身的垄断特性有所减弱。❶ 另一个引起不满的反竞争因素是一揽子许可（blanket license），一揽子许可由集体管理组织统一定价，各单独的权利人没有定价权，这实际上取消了各个版权人之间在许可价格和条件上的竞争，这使得集体管理组织对使用者的市场优势进一步得到加强。❷ 在美国，虽然司法部通过和解协议对这两个方面的垄断因素都进行了调整和限制，比如通过使用费法庭限制集体组织的定价能力，通过要求建立个别许可为使用者增加选择等。但是，由于 ASCAP 等表演权集体管理组织主要实行一揽子许可，个别权利人直接对使用者单独许可在实际上存在很多困难，因此，个别许可并没有成为一揽子许可的替代选择，一揽子

---

❶　Ariel Katz, *Issues at the Interface of Antitrust and Intellectual Property Law*, a thesis for the degree of doctor of juridical sciences, Faculty of Law, University of Toronto, 2005, pp. 97 ~ 102.

❷　Ariel Katz, pp. 111 ~ 113.

许可的反竞争性没有受到影响。❶

CCC 建立的新模式则能有效地解决一揽子许可所带来的反竞争问题。在 CCC 提供的个别许可和年度授权许可中，权利人都可以自己确定许可的条件和价格，相互之间存在充分的竞争。在这个方面，Ariel Katz 博士从经济学角度对表演权许可的分析，同样适用于复制权许可：

> 如果版权人之间可以相互竞争，他们的定价能力以及从消费者那里获得更大比例剩余价值的能力就受到限制。每一首歌曲都是独一无二的，版权人有自己的向下倾斜的需求曲线。从这个意义上说，歌曲之间的竞争并不会产生使他们的价格趋向共同的边际成本的效果。但是，歌曲之间的竞争，会阻止它们的版权人试图从消费者那里抽取全部的剩余价值，因为这样的企图会导致使用者去选择其他的歌曲，尤其是同一类型的其他艺术家的歌曲，他们可能愿意要稍微少一点的价格。竞争许可制下，个别的权利人只能够向使用者要其歌曲的边际价值（marginal value），但不能更多。❷

长期以来，崇尚自由竞争的美国人容忍表演权集体许可模式的存在，是因为他们普遍认为只有集体许可才可以降低交易成本，使表演权的实现成为可能；尽管集体许可模式有许多缺陷，

---

❶ Prof. Glymn Lunney, Copyright Collective and Collecting Societies: The United States Experience, in: Daniel Gervais（ed.）, *Collective Management of Copyright and Related Rights*, Kluwer Law International, 2006, p. 338.

❷ Ariel Katz, pp. 107~108.

但既然它是行使权利唯一可行的现实方法，美国人把它当做了"必要的罪恶（necessary evil）"。然而，CCC 的成功运作说明，提供由个别权利人定价的个别许可是可行的，CCC 没有消除版权人之间在许可条件和定价上的竞争，就解决了交易成本问题。反竞争的集体化模式并非不可避免。因此，传统集体管理模式继续存在的必要性开始受到了质疑：

> CCC 的发展，以及它对集体管理模式的可替代性，很明显地说明集体管理的罪恶不再是必要的了。市场能够解决交易成本问题，不需要一个统一的集体组织来控制。收费协会（collecting society）的可行性带来了这样的问题：还可以允许版权集体管理模式存在多久？❶

就使用者与社会公众而言，传统集体管理组织作为权利人的代言人，在立场上未免有所偏向，常常置使用者于不利的地位；传统集体管理组织的垄断性更是增强着这一趋势。而 CCC 所代表的新模式促进了权利人的竞争，给使用者提供了更多的许可选择，社会公众也能以更加便捷、低廉的方式接近和使用作品；CCC 自身是默默无闻的中间平台，把使用者与权利人之间的关系还原成简单的合同关系，因此 CCC 所采取的中间化模式受到了使用者的欢迎。

权利人也从 CCC 采用的新许可模式中看到了个人化许可的益

---

❶ Prof. Glymn Lunney, Copyright Collective and Collecting Societies: The United States Experience, in: Daniel Gervais (ed.), *Collective Management of Copyright and Related Rights*, Kluwer Law International, 2006, p. 314.

处。新的模式允许个别权利人确定自己的费率，以实现作品利用的最大化，这在现有的集体管理组织是不容易实现的。比如，如果一个权利人决定把许可影印其作品的价格定为零，以增加消费者对其作品的使用以及作品的传播，在 CCC 这里就可以轻易达到。版权人只要向 CCC 简单地描述其条件，CCC 再向潜在的相关使用人报告此条件，就可以了。相反，在传统集体管理模式下，在公开表演权上要想得到一个类似的结果就不那么容易。虽然美国司法部与 ASCAP 以及 BMI 的和解协议给个别权利人保留了自由许可公开表演权的空间，但从实际操作上看，广播电台或者其他使用者无法获得这样一个自由的公开表演许可，因为广播电台所使用的曲目数量庞大，他实际上不可能一一向表演权人申请许可。由于表演权集体管理组织不能提供足够大的个别许可清单，广播组织要使用作品还需要获得由集体管理组织统一定价的一揽子许可。❶ 那些还不那么成功、尤其是音乐事业刚刚起步的作者作曲者，或者小的音乐制作人，希望能够通过向广播电台或其他媒体提供免费的或低于一揽子许可费的许可，来获得更多的播放机会，在这里很难实现。因此，许多音乐人转而寻求通过贿赂广播电台来增加歌曲的播放频次。❷

另一方面，那些成功的音乐版权人，则由于集体管理组织据以分配收入的采样数据不那么精确，以及集体管理组织扣留许可

❶ Prof. Glymn Lunney, Copyright Collective and Collecting Societies: The United States Experience, in: Daniel Gervais (ed.), *Collective Management of Copyright and Related Rights*, Kluwer Law International, 2006, p. 345.

❷ ［美］杰弗里·赫尔：《音像产业管理》，陈星、方芳译，清华大学出版社 2005 年版，第 244～245 页。

费用于扶持新音乐、音乐新人及其他社会文化发展活动而生离异之心，他们往往更加欣赏 CCC 的许可模式，因为这能确保其收益的最大化。实际上，著名的、重要的音乐版权人从表演权集体管理组织退出独立门户，已经成为一种普遍现象，这对传统集体管理组织来说无异于一记重创。❶

权利人不满于集体管理模式，归根到底是因为集体管理模式使得版权的排他性受到限制。法律授予版权人的是一项私权，版权人可以对版权的实施施加他所愿意的控制。但是在传统集体管理模式之下，版权人把权利委予集体管理组织的同时，就失去了进一步控制作品的能力；原本完整的版权被化约为获得报酬权。此种局限，在表演权集体管理组织初创的时候就存在，CCC 个别化许可的映照使得这种局限尤为明显。无怪乎有学者惊呼，集体管理的传统模式不能不从根本上威胁到以著作权为私权的法制，改造集体管理传统模式已成必须。❷

总之，以施乐公司生产的影印复制机为代表，大规模低成本的复制时代业已到来，对既有版权制度产生重要的影响。英美法系各国大多采取了与 CCC 类似的模式，以自愿许可为基础建立了集中管理权利的机构——复制权组织，成为版权许可市场继表演权组织之后的又一个重要的参与力量。CCC 以及其他类似的复制

---

❶ Prof. Laurence R. Helfer, Collective Management of Copyright and Human Rights: An Uneasy Alliance, in: Daniel Gervais (ed.), *Collective Management of Copyright and Related Rights*, Kluwer Law International, 2006, p. 105.

❷ 北川善太郎：“作为协议体系的著作权市场——论复制市场”，龚三苗译，载《中国电子出版》1998 年第 3 期，第 23 页。

权集中管理组织❶，通过集中管理、个别授权的体制，为版权人与使用者沟通版权信息和使用情况，提供授权和付费的通道，减轻了版权人和使用者的负担。从传统表演权集体管理组织到 CCC 所代表的集中管理模式，集体管理组织的功能发生了重大的发展和异化，从版权人的权利守护者变成了权利人与使用者之间中立无偏的中介。CCC 模式也激起了对传统表演权集体管理模式的反思，如果根据 CCC 模式对传统集体管理模式进行改造的构想能够实现，则二者之间的差异将逐渐缩小，集体/集中管理组织的功能或将完全地从权利人那端，滑向以权利人与使用者为两端所构成的关系的中点，成为比较典型彻底的中介组织。

第四节　作为政府近邻的集体管理组织——欧洲大陆的选择

　　CCC 的成立和成功运作，是集体管理组织在衡量权利人与使用者之间关系、比较集体组织维权功能与公益功能之后，选择的中间化道路。不过，欧洲大陆的选择与此不同。欧洲一些国家一直关注集体管理组织的社会文化功能，希望能借助集体管理组织

---

　　❶　比如，在英国有 The Copyright Licensing Agency Ltd（CLA），运营模式与 CCC 类似。Prof. Dr. Paul L. C. Torremans, Collective Management in the United Kingdom（and Ireland）, in: Daniel Gervais（ed.）, *Collective Management of Copyright and Related Rights*, Kluwer Law International, 2006, pp. 230～232.

的现有体制，促进社会文化的发展，为政府分担一部分负担。为此，各国在立法上对集体管理制度予以各种支持，并委予相关集体管理组织发展社会文化的义务，使得集体管理组织越来越像担负特定行政责任的政府机构的近邻。❶ 在法律上规定特定权利的行使只能由集体管理组织来进行，即典型地反映了欧洲大陆一些国家加强集体管理组织地位、委付社会文化义务的思想。

一、大规模复制时代的法定许可

在 20 世纪 60 年代，不仅影印复制技术广泛流行，造成对版权的冲击，许多新的复制技术也呼之欲出。"复制可视图像和声音以及为储存和检索信息为目的的实践、技术和设备正在步入一个迅猛发展的阶段"，正在考虑版权法修改方案的美国版权局发出这样的叹息，"任何特殊的法律规定——即使是公平的或者无危险的——均会在不太远的将来被证明是于事无补的。"❷ 因此美国《版权法》把复制市场的问题，交由市场和各方当事人通过协议自己解决。德国、法国等欧洲大陆的立法者却从表演权集体管理组织长期的实践中看到了解决问题的途径。

法定许可作为对版权/著作权的限制，早在 20 世纪之初就被应用到音乐作品的机械录制权上。如前所析，最初运用法定许可制度，并不是由于使用者寻求获得授权的成本过高，而是因为录

---

❶ Prof. Dr. Jorg Reinbothe，Collective Rights Management in Germany，in：Daniel Gervais（ed.），*Collective Management of Copyright and Related Rights*，Kluwer Law International，2006，p. 197.

❷ 美国版权局于 1965 年所作之《版权法修订报告》，转引自翟建雄："美国版权法中图书馆复制权的例外规定——第 108 节的历史考察"，《法律文献信息与研究》2007 年第 2 期，第 7 页。

音产业及广播产业担心版权人及集体管理组织滥用垄断地位，不利于新兴产业的发展。在大规模复制的时代到来之后，法定许可被应用到更多的领域，比如家庭录制、私人复印、公共教育机构使用作品等。与20世纪初为录音产业及广播产业而设定法定许可不同，在这些私人（相对于公共场合而言）复制领域应用法定许可制度，其根据和基础已经发生了变化。个人或家庭对版权作品的少量复制，长期以来属于合理使用的范畴，不需要得到版权人的许可，也不需要支付报酬。然而，影印复制机、家用录音录像机的普及，使得个人或家庭为了私人使用而少量地复制作品的行为，从总体上汇成大规模复制，足以损害著作权人的利益。从这个意义上说，损害著作权人经济利益的，不是从事盗版的企业，而很可能是处于流通网最末端分散的个人使用者。❶ 但是，为了避免个人复制对著作权人的经济利益造成损害，而在法律中把个人复制定性为侵犯著作权的行为，却会遭遇到很大的困难。中山信弘先生对此作出了精辟的分析：

> 发现和捕捉在家庭内部对播放节目的擅自录音，是近乎不可能的。将实际上不可能被揭发的行为规定为侵害，法律必然废弛，反过来必然有害于道德的建设。另外，为发现这样的个人违法行为而干涉家庭生活，从保护隐私的角度看来也存在问题。❷

---

❶ ［日］中山信弘：《多媒体与著作权》，张玉瑞译，专利文献出版社1997年版，第46页。
❷ 同上书，第47页。

法定许可制度一方面允许使用者出于个人目的使用作品，另一方面为版权人保留了经济补偿权利，因此，在私人复制领域规定法定许可，被认为是保护著作权人经济利益与保全使用者利益的两全之策，各国版权立法都采用了法定许可制度。如德国1965年《版权法》的最新版本（2003年修订版）规定，为残疾人制造复制件、为学校课堂教育制作汇编物、为新闻报道制作复制件、在宗教活动中或者宗教节日上所进行的公开再现、公共借阅机构出借行为、以个人使用为目的而制作复制件、雇主对计算机程序的使用、借助音像制品而对艺术表演进行播放等，都属于法定许可情形，即使没有得到作者许可，人们也可以以特定的方式对作品进行使用，但是，要受到报酬请求权的约束。❶

二、法定许可与强制集体管理相结合

从权利的性质来看，法定许可实际上把排他性权利限制成单纯的报酬请求权（获得报酬权）。报酬权如何实现，不同的国家却采取了不同的方案。在美国，版权法规定法定许可的目的是在专业使用者与集体管理组织之间达成平衡，因此1976年《版权法》为法定许可情形下的使用规定了许可费率，专业使用者应把许可费交给国家版权局，由版权局按照一定的规则把许可费分给不同的权利人组织，后者再在权利人中间进行分配。实践中版权人和专业使用者往往以此为参照，通过协议确定一个低于法定标

---

❶ ［德］M·雷炳德：《著作权法》，张恩民译，法律出版社2005年版，第295~296页。

准的许可费，很少发生协议不成而把许可费上交版权局的情况。❶

大陆法系国家采用法定许可，主要目的是满足终端使用者的使用需求以及保护权利人的经济利益，因此美国的收费方案在此并不适用。德国立法在这里引入了强制集体管理。根据德国《版权法》的规定，由著作权集体管理组织来行使报酬请求权的法定许可情形有：为新闻报道制作复制件、以课堂教学为目的而进行公开再现、以个人使用目的而制作复制件、为残疾人制作复制件。德国著作权法规定由集体管理组织来行使报酬请求权的情况，还远不止这些。有线转播权、美术作品追续权中的信息查询请求权、音像制品复制件的出租与出借权等权利中的报酬请求权，也只能由集体管理组织来行使。❷ 换言之，在这些情形之下，著作权人必须接受集体管理，才可以获得报酬。不同情形下的许可费，由集体管理组织与使用者根据著作权法的指导进行协商，如果有争议，由设于德国专利商标局的仲裁机构予以调停。❸

强制集体管理首先由德国立法予以规定，这与德国 1965 年版权法改革中确立的思想紧密相关。在为了适应新的技术发展和市场发展而进行的 1965 年版权法改革中，德国立法者对集体管理组织的作用、地位作出了确认。集体管理组织一向被认为是德国版权体系顺畅发挥作用的关键环节。1965 年版权法改革的立法

---

❶ Ralph Oman, The Compulsory License Redux: Will It Survive In A Changing Marketplace? *Cardozo Arts & Entertainment*, Vol. 5, 1986, pp. 40 ~ 41.

❷ 参见《德国著作权法与邻接权法》第 20b（2）、第 26（5）、第 27、第 45a、第 49（1）、第 54、第 54a、第 54f、第 54g、第 54h 各条，［德］M·雷炳德；《著作权法》，张恩民译，法律出版社 2005 年版，附录三。

❸ ［德］M·雷炳德，第 567 页。

文件对集体管理组织的功能和性质作了详尽入微的分析。集体管理组织的任务是以自己的名义代表权利人向使用者或其组织主张权利，从法律性质上说是私人机构。但德国立法者确信集体管理组织不仅仅是私人代理机构，它们的活动符合公共利益，是州或联邦机构的近邻，可以分担州或联邦机构的部分功能。❶

在这样的思想背景下，1965 年德国版权法确认并进一步加强了集体管理组织的经济和文化地位，委付了额外的任务。立法者意识到，集体管理组织在实现他们法律的、协会的、文化的和社会的功能的同时，还卸下了政府的重担——通常它应该自己承担维护版权功能的任务。❷ 德国在新的版权法中，引入了法定许可和强制集体管理相结合的制度。通过将法定许可和强制集体管理相结合，1965 年版权改革确立了集体权利管理组织新的功能，进一步提升了它们的能力和影响。

三、强制集体管理在欧洲得到推广

德国版权法改革中确定的通过提升集体管理组织功能和地位，使集体管理组织为政府分担一部分任务的思想，在欧洲并不是独一无二的。法国等其他政府也盛赞集体管理组织的社会文化

---

❶ Prof. Dr. Jorg Reinbothe, Collective Rights Management in Germany, in: Daniel Gervais（ed.）, *Collective Management of Copyright and Related Rights*, Kluwer Law International, 2006, p. 198.

❷ Prof. Dr. Jorg Reinbothe, Collective Rights Management in Germany, in: Daniel Gervais（ed.）, *Collective Management of Copyright and Related Rights*, Kluwer Law International, 2006, p. 199.

功能，在复制权领域引入法定许可与强制集体管理相结合的制度。❶ 欧洲议会在统一欧洲立法的过程中，也倡导推行强制集体管理，以利用并提升集体管理组织的功能和地位，最终实现著作权法的功能和目标。欧洲议会最早于 1992 年颁布的《关于知识产权领域之出租权与出借权以及与版权相关的某些权利的指令》（简称《出租指令》）中，建议对出租权施加集体管理："可以将获得报酬之权的管理，信托给代表作者或表演者的集体协会；会员国可以规定是否以及在何种程度上对集体协会获得平等报酬之权施加影响。"❷ 欧洲议会于 1993 年 9 月发布的《适用于卫星广播及有线再传输的相关版权规则》（简称《卫星和有线传输指令》），则走得更远，不仅允许适用集体管理，而且使集体管理可以强制进行。该指令第 9.1 条规定："会员国应确保版权所有人或邻接权持有人给予或拒绝授权有线电视运营商进行有线再传输的权利，只通过一家集体协会来行使。"❸ 2001 年欧洲议会颁布

---

❶　世界知识产权组织、国际复制权组织联合会：《影印复制的集体管理》，www. doc88. com/P‑78062691768. html，最后访问时间：20/12/2008.

❷　EC, Council Directive 92/100/EEC of 19 November 1992 on rental right and lending right and on certain rights related to copyright in the field of intellectual property [rental directive], europa. eu. int/smartapi/cgi/sga_doc? smartapi! celexapiCELEXnumdoc&lg = EN&numdoc = 31992L0100&model = guichett，最后访问时间：20 /12/2008.

❸　EC, Council Directive 93/83/EEC of 27 September 1993 on the coordination of certain rules concerning copyright and rights related to copyright applicable to satellite broadcasting and cable retransmission [Satellite and Cable Directive], europa. eu. int/eurlex/lex/LexUriServ/LexUriServ. do? uri = CELEX：31993L0083：EN：HTML，最后访问时间：20/12/ 2008.

了有关再次销售权的指令，也建议对再次销售权实施强制集体
管理。❶

四、强制集体管理的思想基础

世界知识产权组织（WIPO）曾在 1990 年的一项报告中倡
导："在权利人对个人行使权利和集体管理权利二者之间加以选
择方面，应尊重他们加入权利协会的自由。对《伯尔尼公约》和
《罗马公约》规定不得限制为一种单纯的获酬权的专有权，不应
强制实行集体管理。即使对于单纯的获酬权，规定强制性集体管
理也只有在迫不得已的情况下才被认为是合理的。"❷ 从中可以看
出 WIPO 对适用强制集体管理持非常谨慎的态度。也有学者对强
制集体管理制度提出了批评，认为强制集体管理制度，使得集体
权利管理协会最开始的私人自愿创制性被政府规定所取代。集体
管理本是私人自愿主动创制的，现在却成了古怪的法定物，成为
立法者平衡利益的工具，降格为仅仅收取和分发不再由集体协会
自身确定的许可费的机制。❸

---

❶ EC, Council Directive 2001/84/EC of the European Parliament and of
the Council of 27 September 2001 on the resale right for the benefit of the author of
an original work of art〔Resale Right Directive〕, europa. eu. int/eurlex/lex/Lex-
UriServ/LexUriServ. do? uri = CELEX：32001L0084：EN：HTML，最后访问时
间：20/12/ 2008.

❷ 国家版权局编：《著作权的管理与行使论文集》，上海译文出版社
1995 年版，第 31 页。

❸ Sylvie Nerisson, Social Function of Collective Management Societies, in：
Collective Administration of Copyright and Neighbouring Rights（MPI Book Pro-
ject）.

但是，欧洲的立法者却看到了强制集体管理的另一面。首先，对相关权利而言，实际上只能通过集体管理的方式才能得到实现，比如法定许可下的各种报酬请求权，因为涉及的使用者和权利人都属巨量，难以通过个别支付而一一得以实现。强制集体管理能够降低成本并确保支付的效率。尤其是在德、法等国的法定许可制度中，权利人获得的报酬，主要是来自于对复制设备所征的税款，税率的高低往往需要权利人团体与设备制造商进行谈判协商才能确定❶。以保护和实现作者权利为宗旨的集体管理组织，可以代表权利人与复制设备制造商进行谈判；著作权集体管理组织在为作者收取和分发使用费方面也已经建立了成熟的机制和有效的途径，通过集体管理组织来实现权利人的获酬权是可行的。

更为重要的是，以作者权为中心的欧洲立法者，明确鼓励著作权集体管理组织实现其他社会文化功能，而不仅仅是管理权利的技术和法律机制。以 CCC 为代表的中介型权利管理体系对传统集体管理体制的冲击，是作者权体系国家所不愿意看到的，因为这也会损及作者权集体管理体系的社会文化功能。在中介型权利管理体系的影响下，作者和作曲者的传统联盟——比如音乐出版商——可能改变阵营，个人使用者也可能发现加入其他的权利管理中心非常有吸引力，因此会通过直接或间接的方式加入其中。如果这种情况成为普遍的现象，可能会使版权和相关权的行使、管理和实施领域所达成的平衡受到破坏。因为作者权集体管理协会长期发挥其复杂的经济、社会和文化功能，这些功能已经成为

❶　罗莉："评德国的版权补偿费制度及其改革"，载张玉敏主编：《中国欧盟知识产权法比较研究》，法律出版社 2005 年版，第 85～108 页。

欧洲作者权国家版权政策不可分割的部分。欧洲立法者觉得有必要给创作者协会特别的保护，使作者协会能保持和增强他们的地位，并继续实现其社会文化功能，立法和司法的干预就在所难免。通过对特定权利实施强制集体管理，是给予作者权协会特别保护的典型体现。❶

第五节　本章小结

总之，从世界上第一个表演权集体管理组织诞生，一直到20世纪50年代，表演权组织一直是权利人旗帜鲜明的代表者和立场坚定的守护者。他们为了权利人的利益以及组织自身的发展，活跃于各国的立法机构及司法裁判场所，与使用者团体谈判、斗争，有时也建立短暂的联盟。表演权集体管理组织在20世纪中期之前，在表演权范围的确定和扩展过程中扮演了重要的角色。然而，表演权组织自身难以避免的垄断性，也随着组织力量的壮大而日益彰显，引起了使用者的不满和敌意。表演权集体管理组织开始注重在维护版权人利益的同时，发挥促进社会文化的功能，使自身的形象更加温和友好，为表演权的行使谋取良好的社会环境。但是，表演权集体管理组织从权利人的使用费中拨付资金以开展文化促进活动的做法，从著作权的排他性上来看，是有损于权利人的直接利益的。如何解决这个两难问题，版权体系国

---

❶　Dr. Mihaly Ficsor, *Collective Management of Copyright and Related Rights*, WIPO Publication No. 855（E）, 2002, pp. 21～23.

家与作者权体系国家作出了不同的选择。

选择的时机是由新的复制技术提供的。从20世纪50~60年代开始，新的复制技术使得复制出版物、声音及图像的成本更低、速度更快、质量更好，对版权人的影响也在加深。复制领域需要建立新的许可机制，这就提供了对表演权集体管理组织既有许可模式的反思、继承和超越的机会。美国版权人、出版商以及使用者联合成立的版权结算中心（Copyright Clearance Center 简称CCC），不愿意重复表演权集体管理组织所走的垄断——反垄断之路，放弃了作为权利人代言人和守护者的使命，而选择成为联系权利人及使用者的中间纽带和中介平台。CCC的核心要素是每个权利人都可以制定利用自己作品的条件和价格，使用者根据这个条件和价格与权利人达成协议，CCC提供了把作品及其使用条件集中在一起的平台，并且代为收集使用者交付的使用费。CCC的许可模式对版权人的排他权予以充分尊重，也给予使用者真正多样的选择可能，因此被各方予以高度评价，也对表演权集体管理组织所建立的传统的一揽子许可模式，产生了冲击。

对美国CCC提供的中间化的许可模式，欧洲大陆的立法者却有不同的看法。由于具有以作者为中心的传统，欧洲大陆各国深信表演权集体管理组织是作者及其他版权人的真正代表，对保护作者经济利益、促进文化创造和社会发展，有着无可替代的作用。因此长期以来一直在强化表演权集体管理组织的地位和社会文化功能。在私人录制构成大规模复制的时代到来之际，欧洲立法者采取了法定许可与强制集体管理相结合的方式，一方面满足使用者的需求，另一方面给予作者适当的经济补偿，同时能够维持集体管理组织的既有地位和功能，使它继续服务于政府所希望实现的社会文化促进目的。

165

从上述两个体系对集体管理组织功能的不同认识来看，在变化了的历史情境中，表演权集体管理组织功能的发展没有继续"实现版权人利益"这个逻辑起点，而是在追随历史变化的过程中总结并遵循了新的经验，在变异中发展。由于有不同的版权/作者权文化和经济政治结构作为各自的存在基础，集体管理组织在英美国家和欧洲大陆国家的功能变异，呈现出不同的重点和趋势。版权集体管理组织在不同文化背景下所呈现的重点和趋势，在数字时代将更为复杂。

第六章

数字时代：多元权利管理模式的竞争与整合

1962 年，当影印复制机成为新复制时代的代表，开始使版权人感到危机重重时，麻省理工学院的李克利德在他出版的系列备忘录中首次提出"银河网络"的概念，设想所有的计算机都相互联网，所有的人都可以通过网络查询或使用共享的数据或程序。20 年后的 1982 年，这种网络成为现实；20 世纪 90 年代，网络技术的发展已经对整个世界和人们的生活产生了极大的影响。❶ 网络技术对版权体系的冲击，也超过了之前任何一项技术所能产生的影响。

网络技术的核心，是把一切信息都变成"0"和"1"二进制数码的数字技术。从著作权的角度看，数字技术使作品的传播和流通更加便捷，也使得未经授权的利用更加容易；终端使用者对数字化作品的利用，所达成的规模更是空前巨大。模拟复制时代的主要问题，是版权如何应对现实生活中大量的私人复制所造成的对版权人利益的侵犯。数字时代，网络终端消费者对受版权保护的作品或信息的利用，汇成更为巨大的洪流，冲击既有的版权体系。版权法在近 300 年的发展过程中，一直是以专业使用者的版权利用行为为规制对象，调整版权人与专业使用者之间的关系。终端消费者为私人使用目的利用版权作品，一向为法律所允许。模拟复制时代的私人复制，已经令版权人不堪忍受；数字时代的私人利用，更是置版权人于岌岌可危的状态。如何在数字网络环境中实现法律授予作者及其他权利人的著作权/版权，成为新时代的难题。不过，版权人也迅速地发现，数字技术在保护版权方面可以大有作为，因此他们积极应用数字权利管理措施，来

❶ 郭禾："网络技术对著作权的影响"，载《科技与法律》（季刊）2001 年第 1 期，第 39～52 页。

应对网络世界版权保护的危机。版权人的自卫行动也受到了法律的支持，世界知识产权组织在 1996 年制定的两份"网络条约"❶中，要求国际版权社会对包括技术保护措施（TPM）及权利管理信息（RMI）在内的数字权利管理技术（DRM），在版权法中予以保护。

然而，数字权利管理技术不仅仅是版权人防止版权在网络上受到侵犯的武器，它也为网络版权交易的安全性和可行性提供了保证；为处于困境中的权利管理带来了新的机会。在数字技术这面镜子的映照之下，已有的各种权利管理模式，各显利弊：个别管理有了可能，传统表演权集体管理模式机遇与挑战并存，中介模式的复制权管理模式或将得到加强。不过，各种管理模式，也都要在专业使用者与普通终端消费者之间作一个选择，因此各种管理模式会有所侧重，彼此之间不仅构成竞争，更多的时候则互为补充。而数字技术下作品的使用方式发生变化，这也需要多元权利管理模式趋向整合。

第一节　个别管理的可能性与局限性

传统版权集体/集中管理模式产生的基础，是权利人无法有效行使版权。表演权集体管理组织的产生，就源于单个的作者无法控制众多的公共娱乐场所对音乐作品的演奏，也无法从作品的

---

❶　即《世界知识产权组织版权条约》（WCT）与《世界知识产权组织表演及录制权条约》（WPPT）。

演奏中获取使用费；复制权集体管理组织以及其他版权集体管理组织的产生，也是由于权利人在分散的、从单个使用者来看是极少量而从社会整体来看又构成大规模的使用中，缺乏有效的控制作品使用并从中获益的能力。对权利人来说，集体管理的优势在于集合单个权利人的力量，使权利人增强与使用者的谈判能力，同时也节约谈判和交易的成本；对使用者来说，从集体管理组织那里获得一揽子许可，可以节省搜寻成本和交易成本。因此，虽然集体管理模式可能存在对使用者许可定价过高、许可方式单一、对权利人分配使用费不精确等问题，但各方还是基于"次优"心理对这种模式与以接受。

一、数字技术使著作权个别管理成为可能

但是，作品数字化并有数字技术措施予以辅助之后，从理论上说，个别管理并非不可能。技术措施通过对数字化作品及信息予以界定和装饰，使其获得了适宜在网上流通的性质。[1] 比如权利人可以应用"控制接触作品的技术措施"，要求使用者输入口令或密码才能够接触和阅读作品；也可以借助"控制使用作品的技术措施"，来控制作品具体的使用方式（如是否允许连续复制），或控制作品使用中的状态（如作品被使用的过程中带有作品的信息），或运用跟踪技术统计出特定用户接触和使用作品的次数和频率。[2] 使用者则根据使用行为的性质（比如仅仅是阅读，

---

[1]　［日］北川善太郎："网上信息、著作权与契约"，渠涛译，载《外国法译评》1998 年第 3 期，第 38 ~ 47 页。

[2]　郭禾："规避技术措施行为的法律属性辩析"，载《电子知识产权》2004 年第 10 期，第 11 ~ 17 页。

还是多次复制），通过网上支付系统，购买相应的使用权。权利人通过这个过程，可以按照自己的意愿，对自己的作品实施许可，实现法律所赋予的版权。

如果个别管理能够借助数字权利管理技术得以全面的实现，集体管理的作用将被大大削减，直至退出许可市场。集体管理模式的垄断本性、抹杀成员个性的集体化、许可费收取及分配的概括化，以及这些弊端引起的敌意、不满，都将消失。权利人可以重新拥有具备完全排他性的版权，自主决定作品的利用方式和条件，获得应有的全部收益；使用者可以充分享受完全自由竞争市场带来的好处，有更多的选择，以比较低的价格接触使用作品。❶

二、著作权个别管理的局限

不过，对大部分创作者和权利人来说，权利管理信息和技术保护措施从技术能力和经济能力上看仍然是不易掌握的技术。数字权利管理并非某项简单的具体技术，它是一个复杂的有机系统。数字权利管理系统框架的主要组成部分为：数字内容打包处理模块、许可证管理模块、客户端模块。典型的数字权利管理参考模型为：内容提供商使用数字内容打包处理模块处理数字内容，然后送往数字内容发布模块；用户从数字内容发布模块处取得数字内容，并试图使用其获得的数字内容；同时客户端监测到用户所请求的操作需要授权，并开始查找相应的许可证，以获得授权；如果没有找到相应的许可证，客户端就向许可证处理模块发出请求；许可证处理模块根据用户的请求决定针对该数字内容

---

❶ 熊琦："集体管理与私人许可：著作权利用的去中间化趋势"，载《知识产权》2007年第6期，第13～18页。

的合适的策略；并进行满足该策略的交易；交易完成后，许可证管理模块就把使用权利和解密数字内容的密钥打包成许可证，发送给用户；客户端验证该许可证，然后根据该许可证指定的使用权利再现内容。❶ 每一个模块都涉及复杂的数字技术，其中的关键要素是数字水印、加密和认证、权利描述（用通用的计算机语言描述权利状态、权利的使用条件、权利许可与收费等内容）。❷ 这样复杂的机制，从技术力量到资金成本，无疑都是巨大的。对大多数权利人来说，拥有这样的技术和资金是不可能的；购买这样的软件和硬件，也绝不是轻松的事情。事实上，目前有能力开发这类软件的，都是顶级软件开发企业与研究机构，如 Microsoft 公司、RealNetworks 公司、InterTrust 公司、IBM 公司、Adobe 公司，以及国内的研究机构，如清华大学、中科院、北大方正等。

　　而能够利用数字技术进行个别管理的权利人，目前主要是全球性媒体公司（如五大唱片公司：华纳、EMI、环球、BMG、索尼）以及其他比较有经济实力和技术实力的权利人。他们具备利用网络技术、权利信息和技术保护措施，设立交易平台、在线许可收费的能力，不仅可以解决交易成本问题，而且行动比集体管理组织更加灵活迅速，它们可能从集体组织中撤出，自己来管理属于自己的大量作品上的著作权。另外，著名的创作者和表演艺术家也可能为获得比集体管理组织通过一揽子许可为其争取到的使用费更高的费用，而选择退出集体组织，建立自己的交易平

---

❶ 李彬、杨士强："数字权利管理的关键技术、标准与实现"，载《现代电视技术》2004 年第 11 期，第 108～115 页。

❷ 徐丽芳："数字权利管理系统的功能与结构"，载《出版科学》2007 年第 4 期，第 9～14 页。

台，或选择其他的管理模式。❶ 在这两种情况下，个别管理或许会取代集体管理，对集体管理组织构成很大的挑战。

即便未来技术的发展使得数字权利管理系统软件的成本大幅下降，多数权利人有能力配置这样的软件，就个别管理而言，其中的成本依然是比较高的。除此之外，个别权利人欲自己行使权利，还应对授权对象的诚信度、防盗版的技术措施等有足够的信心，并且能够给出一个合适的授权费用标准；对自己作品的商业价值有确定的预期，且通常需要放弃根据未来版权市场供求关系变化与使用人再次订立授权协议的机会。这对多数个别权利人来说是不现实的。❷ 因此大部分的权利人，不会选择由自己个别化地进行版权许可。从使用者的角度看，搜寻合适的作品依然是一个耗费时间和精力的问题，因为网络上的作品不仅数量无法计算，品质也难以评估。一对一的许可过程固然很有针对性，却也可能使经常大量使用作品的人不堪其烦。尤其是对多媒体制作商而言，集中地得到授权，依然是节约成本的最佳途径。

因此，虽然数字技术的发展使得个别管理成兴起之势，但真正有能力选择这种管理模式的，是拥有的权利规模较大的那些权

---

❶ 这种情况已经比较普遍。比如在我国一度广为流行的歌曲《两只蝴蝶》的版权人——鸟人公司曾直言不讳地表明："鸟人公司之所以买断了这支歌曲的版权同时又为推广这支歌曲投入了高额的宣传成本，目的就是为了垄断这支歌曲的艺术市场，杜绝翻唱，从而最大化地获得商业利益。我们之所以不加入音著协，是因为我们能够控制作品，我们不希望任何组织代替我们行使权利。""音著协交费了还侵权？《两只蝴蝶》飞不出法庭？"，载《北京娱乐信报》2006 年 12 月 15 日第 7 版。

❷ 曹世华："数字出版产业呼唤著作权集体管理现代化"，载《中国出版》2006 年第 9 期，第 51 页。

利人；同时，乐于选择直接从权利人处获得许可的，实际上也以一般的少量利用的终端消费者为多。正如集体管理从来也没有完全替代个别管理一样，个别管理也不能代替集体管理，至少在数字技术的发展使得数字权利管理系统能为人人拥有之前都会如此。在信息网络环境中，集体管理与个别管理共存，是必然和正常的趋势。二者在有些方面构成竞争，而在更多方面则是互补关系。

第二节 Copymart 构想：从集中许可中心到版权自由市场

一、Copymart 构想的提出

美国版权结算中心（CCC）的服务目标，是在专业版权人（professional copyright owners——科学、技术和医学期刊的出版社以及杂志、新闻通讯、图书和报刊权利人等）与专业使用者（professional users——大学、图书馆、私人企业等）之间搭建集中许可平台，使专业使用者可以方便快捷地获得复制许可，专业权利人可以通过许可复制获得应有的补偿。CCC 采取了不同于传统表演权组织的许可模式，允许权利人自己决定作品的复制条件和价格，被认为是符合自由竞争精神的许可模式。CCC 这种个别化的许可能够获得成功，其服务于专业领域的特点，是重要的因素：专业权利人与使用者各自的特征比较明显、可识别性较高，单次版权交易数量通常都能达成规模，简而言之，搜索和交易的成本都还是比较低的。

数字技术和网络技术使得专业作者与业余作者之间的区别在逐渐缩小，区别于专业的、大的版权人的一般版权人的数量在急剧增长。如果包括 CCC 在内的集体/集中管理组织把管理的范围延伸到小的版权人那里，集体管理的成本就会随着增加，效率会随着下降，集体管理的益处就将隐而不现。因此，集体管理组织在面对这个问题时，态度一直比较犹豫。❶

日本著名的版权专家北川善太郎教授很早就开始关注美国 CCC 的许可模式，并思考数字化网络与多媒体产品所带来的版权许可问题。❷ 他受到了 CCC 允许权利人自己决定许可条件和价格的启发，提出了版权市场（Copymart）的概念，认为可以以契约为基础，借助数字权利管理系统，建立版权许可市场；任何版权人与使用者都可以在这个版权市场直接达成版权交易，实现双方各自的目的。❸

❶ Prof. Koji Okumura, Collective Management of Copyright and Neighboring Rights in Japan, in: Daniel Gervais (ed.), *Collective Management of Copyright and Related Rights*, Kluwer Law International, 2006, pp. 347 ~ 366, p. 361.

❷ Zentaro Kitagawa, Copymart: A New Concept-An Application of Digital Technology to The Collective Management of Copyright, in: *a thesis on the WIPO Worldwide Symposium on the Impact of Digital Technology on Copyright and Neighboring Rights*, Harvard University, Cambridge, March 31 to April 2, 1993.

❸ ［日］北川善太郎："网上信息、著作权与契约"，渠涛译，载《外国法译评》1998 年第 3 期，第 38 ~ 47 页；以及北川善太郎的另一篇文章：《作为协议体系的著作权市场——论复制市场》，龚三苗译，载《中国电子出版》1998 年第 3 期，第 23 ~ 26 页。

二、Copymart 构想的基本要素

北川善太郎提出的版权市场，主要由著作权市场、著作物市场两个数据库，以及三方当事人——权利人、使用者和市场主——组成。权利人将作品以及与作品有关的权利信息及许可条件，分别登记在著作物市场与著作权市场，使用者从版权市场搜寻所欲使用的作品及其版权信息、许可条件（许可条件也可以双方谈判达成），然后通过版权市场订立契约。最后使用者从著作物市场获得作品，权利人则通过网络支付工具直接从使用者处获得使用费。整个过程可以如图 6–1 所示。

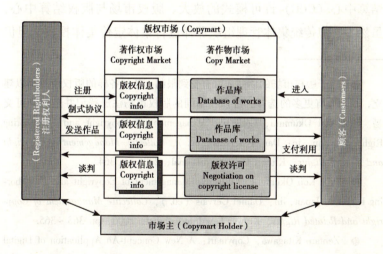

图 6–1 版权市场框架图

资料来源：http：//www.copymart.jp/cmi/about_ e_ f.html，最后访问时间：12/20/2008.

按照北川善太郎的构想，版权市场是一个可以与露天市场相提并论的自由市场，对进入市场的权利人和使用者不设任何门槛，市场的设立也是完全开放的，任何人、任何企业，不拘是否

为权利人或使用者，都可以设立这样的版权贸易集市；❶ 版权贸易集市的创办人通过向权利人和使用者收取服务费维持市场的运转。❷ 版权市场的关键要素有二，一是高度发达的数字权利管理系统，所谓著作权市场与著作物市场两个部分其实就是两个蕴涵了作品、版权信息和许可条件的数据库；二是协议和契约体系，权利人与版权市场创办人之间、使用者与版权市场创办人之间、权利人与使用者之间的协议，是构成版权市场的法律基础。❸

三、Copymart 模式与 CCC 模式比较

北川善太郎提出的版权市场模式，其实可以看做是美国版权结算中心（CCC）许可模式的放大。版权市场与版权结算中心，虽然不再似传统集体管理组织那样进行集体定价集体授权，但仍

❶　由于版权市场的创办人没有受到限制，各种各样的版权市场得以建立，权利人有更多的选择，可以在不同的版权市场注册登记并进行许可交易。Prof. Koji Okumura, Collective Management of Copyright and Neighboring Rights in Japan, in: Daniel Gervais（ed.）, *Collective Management of Copyright and Related Rights*, Kluwer Law International, 2006, p. 364.

❷　Prof. Koji Okumura, Collective Management of Copyright and Neighboring Rights in Japan, in: Daniel Gervais（ed.）, *Collective Management of Copyright and Related Rights*, Kluwer Law International, 2006, pp. 363 ~ 365.

❸　Zentaro Kitagawa, Copymart: A New Concept-An Application of Digital Technology to The Collective Management of Copyright, in: *a thesis on the WIPO Worldwide Symposium on the Impact of Digital Technology on Copyright and Neighboring Rights*, Harvard University, Cambridge, March 31 to April 2, 1993. [日] 北川善太郎，"网上信息、著作权与契约"，渠涛译，载《外国法译评》1998 年第 3 期，第 38 ~ 47 页；以及北川善太郎的另一篇文章，"作为协议体系的著作权市场——论复制市场"，龚三苗译，载《中国电子出版》1998 年第 3 期，第 23 ~ 26 页。

然提供了集中交易的平台。权利人不需掌握和拥有昂贵复杂的数字技术，就可以在此主动向消费者展示作品及利用条件，使用者也省去了在漫无边际的网络海洋搜寻所需作品的成本。CCC 与 Copymart 通过技术把集中信息与个别许可结合在一起，使版权人所拥有的权利恢复成具有排他性的专有权，版权许可市场也再度成为自由竞争的市场。二者所不同的是，CCC 的活动与实践，主要是围绕专业版权人与使用者来进行的；Copymart 的理想，则是建立一个人人都可以参与并可以从中获益的市场。从这点来看，版权市场理论欲把 CCC 的实践经验延伸到更为广泛的空间，是对 CCC 许可模式的扩大和深化。

然而版权市场（copymart）与美国版权结算中心（CCC）之间，在自身的定位上存在较大的差异。CCC 的目标，是沟通版权人和使用者，促成二者达成许可协议。在实际操作上，CCC 为版权人发布版权信息和使用条件，并主动将该作品信息发送给潜在使用者；如果使用者希望获得许可并同意版权人的许可条件，可以通过 CCC 与版权人达成协议，并将使用费交付 CCC，CCC 扣除必要的管理费用后把剩下的使用费转交给版权人。❶ 从行为的性质上看，CCC 是版权人与使用者的居间及媒介，参与到许可活动的各个环节当中。版权市场却计划成为自由市场，除了提供交易场所、支付通道和维持必要的交易秩序外，并不参与任何的交易活动，权利人与使用者之间没有任何中间环节，可真正实现"一对一"的交涉与许可。如果这个构想得以实现并推广，那么，权利人与使用者之间的纽带将不复存在。在权利人与使用者之间，

---

❶ HTTP：//www. copyright. com/ccc/viewPage. do？ pageCode = aul，最后访问时间：20/12/2008.

最初存在从理念到实践都较偏向权利人的集体管理组织；大规模模拟复制时代的权利管理中心已经走到二者的中间，无所偏私；现在，数字技术时代，连这样的中间机构都不再被需要❶，权利人与使用者可以没有隔阂地自由达成许可交易，就像在已经成形的许多电子交易市场一样。

四、Copymart 构想的前景

北川善太郎所构想的这个版权市场，是专门为数字网络作品利用世界准备的，他设想这个新的市场可以给予权利人及使用者完全的自由，去实现数字信息这项财产所带来的益处。❷ 他所提出的自由版权市场理论和基本模型，在实际版权实践中还没有得到完全的实现。但这个思路也给了版权管理市场很好的启发，或许是版权行使与版权管理市场改革中一个可以尝试的方向。在一个多元的世界中，权利人和使用者有着不同的需要和选择也是必然的。集体管理的优势——对普通权利人的优惠待遇、集中许可的长处——为使用者节约搜寻和缔约成本，也是版权市场模式一时难以超越的。因此，版权市场的构想短期之内难以替代其他许可模式，更加可能的情形是与其他许可模式共存于同一个许可市场当中，满足市场主体多样的需求。

---

❶ 熊琦："集体管理与私人许可：著作权利用的去中间化趋势"，载《知识产权》2007 年第 6 期，第 13～18 页。

❷ ［日］北川善太郎，"网上信息、著作权与契约"，渠涛译，载《外国法译评》1998 年第 3 期，第 38～47 页。

第三节 传统集体管理模式在数字
时代的更张可能

数字权利管理技术使得个别许可成为可能，版权交易市场也会更加繁荣；这些对传统版权集体管理组织和制度会构成不可忽视的影响和挑战。然而数字权利管理技术也可能强化传统管理模式的优势，修正已有弊病，使传统集体管理模式在新的时代得到更张。

一、数字技术提高集体管理的效率和能力

传统集体管理模式的优势，是提供集中化和标准化的管理，这是提高效率的先决条件；集中化和标准化管理的主要体现就是一揽子许可（Blanket license）。一揽子许可是集体管理模式中最受人诟病的地方，却也是最有吸引力的地方。在运用个别许可有内在困难，以及使用者或权利人觉得合并集中管理更具有可操作性时，一揽子许可常成为现实的选择。从历史上看，一揽子许可有无可比拟的优越性。如表演权集体管理协会与广播组织之间的音乐表演权许可，无论是从权利人角度、还是从使用者角度看，都没有比一揽子许可更好的方式。美国版权结算中心（CCC）管理复制权，以个别化管理为特点和中心，然而也没有放弃一揽子许可的方式，因为使用者有大量重复使用复制权的切实需求。事实上，一揽子许可也是 CCC 为版权人实现复制权收益的一个重要途径。2007 年美国前 500 强公司都从 CCC 购买了一揽子许可，

使超过 2 000 万的美国雇员被一揽子许可覆盖；一揽子许可的收入占其全年总收入的一半以上。❶

一揽子许可的主要弊端，是许可费的收取和分发都以某一采样数据或虚拟数据作大概的估计，而不求精确。这一方面是由于技术上难以达到，另一方面也是为了节约成本而不得不对精确性作出必要的牺牲。以表演权组织为例，表演权组织通常对那些无法得知使用信息（如商场播放音乐、点唱机表演），或者处理信息费用偏高（如全国的歌舞厅使用歌曲的情况，广播组织使用音乐）等情形，选择某一个或几个用户提供的比较完整可靠的使用信息，并对该使用信息进行分析，得出各类作品被使用的情况，以此为基础进行使用费分配。在数字技术的支持下，集体管理组织在使用费的收取和分配上有望做到更加精确。比如，在所有的歌曲作品用统一的数字编码进行标识，以及使用作品的机器和软件能够兼容的条件下，任何一首歌曲被使用的次数以及时长、被使用的场所，都可以有精确的记录，而且系统能够对歌曲的各种情形下的使用费计算进行自动处理。如果这样的系统能够建立，集体管理组织就不仅能做到节约，而且也能保证公正。这样的集体管理系统，无疑是十分具有吸引力的。目前世界各国集体管理组织正在朝这方面努力，力图开发出标准化的系统，使每一部作品的使用都得到跟踪和记录。

比如，CISAC 从 1995 年就开始组织开发通用信息系统（Common Information System，简称 CIS），以提高数字环境下音乐

---

❶ Scott M. Gawlicki, Supporting the Growing Copyright Compliance Culture, http：//www. copyright. com/inside_ counsel_ News_ 2006. pdf，最后访问时间：12/20/2008.

表演权组织的管理能力和效率。CISAC 的 CIS 工程的目标是：用一个单一的认证码来识别同一个作品，代替各集体管理协会独自设置的管理数据；CISAC 各成员协会之间的数据就能实现标准化和互通化，各会员协会也能够共享音乐作品和其他创作物的信息。这样，无论作品在数字世界的何处被利用，都能得到便捷的管理。[❶] 一直以来，各协会通过表演权协会之间订立的相互代表协议来实现作品的全球管理，CIS 这个有效的整合方式的应用，将使这种全球性版权管理和实现更加迅捷精确。

CIS 通用信息系统也使得不同集体管理组织之间的合作更加紧密有效。在 CIS 项目启动后不久，世界上几个规模较大、影响较广的集体管理协会也开始寻求联合行动。法国的 SACEM、德国的 GEMA、西班牙的 SGAE、意大利的 SIAE 以及美国的 BMI，在智利圣地亚哥签订合作协议，研究利用 CIS 认证码建立"快速追踪"联盟（Fast-Track Alliance），计划在五年时间里完成快速追踪项目，建立全球文件发行电子网络，发展在线注册，开发在线许可系统。[❷] 从 2002 年开始，中国音乐著作权协会与香港作曲家及作词家协会签订协议，运用 CIS 标准联合开发"DIVA"数据库。该数据库如果建成，将成为全球最大的中文音乐作品数据库，对中文歌曲版权人的版权实现，将带来现实的利益。[❸]

---

❶ Dr. Mihaly Ficsor, *Collective Management of Copyright and Related Rights*, WIPO Publication No. 855（E），Geneva, 2002, pp. 101～104.

❷ Dr. Mihaly Ficsor, pp. 104～105.

❸ http：//www.mcsc.com.cn/mag/5.htm，最后访问时间：12/20/2008.

二、延伸集体管理制度的应用扩大管理的范围

是否加入集体管理组织，由集体管理组织代为集中地管理各项版权，这取决于权利人的自我判断和选择。因此，无论某个特定的集体管理组织的作品数据库如何周全，实际上都不可能覆盖所有的作品和权利人；集体管理组织一直面临代表性不完全的问题。如果把讨论的范围界定在全球，则集体管理组织的管辖范围更显狭小。不能够代表全部的权利人，对集体管理组织发放一揽子许可来说，这是个不容忽视的缺陷。使用者接受一揽子许可协议，根本的原因在于这种概括授权能够节约成本、提高效率；除此之外还有一个重要的因素，在于一揽子许可通常能够保证使用者的安全，使用者不用担心遭到权利人的侵权诉讼。模拟时代没有加入集体管理组织的创作者和权利人，在整体创作群体和权利人中所占的比重，或许对一揽子许可的效用尚未造成大的影响。然而，在数字网络时代，创作、发行以及传播的门槛一再降低，每个终端使用者都可能是潜在的或实际的创作者，作品以及其他数字信息的数量难以估计，而其中的多数创作者，都不是集体管理协会的会员。一揽子许可的覆盖面在这个庞大的数字面前捉襟见肘。

（一）延伸集体管理制度的历史及内涵

如何在自愿管理的基础上扩大集体管理组织的管理范围，使尽可能多的权利人和作品被一揽子许可协议所覆盖，是一个难题。北欧各国在集体管理实践中探索出了一种"延伸集体管理"制度，为解决集体管理组织的代表性问题提供了一种可以尝试的方法。在数字网络时代，延伸集体管理如果能得到恰当的应用，无疑将更大程度地扩大集体管理组织的管理范围，有助于集体管

理组织更好地发挥沟通权利人与使用者的桥梁纽带作用。

北欧各国由于在历史、文化和经济、政治上有着深远而紧密的联系，它们在版权立法及管理上也有着更多的共通与合作。20世纪50年代末，广播技术开始被应用到北欧各国，广播组织正在蓬勃发展之中，然而版权问题难以解决，困扰着相关各方。虽然北欧各国的表演权集体管理组织在20世纪20年代就已成立，并运作良好，然而由于北欧各国版权市场规模都比较小，广播组织难以避免使用到其他国家的音乐作品和文学作品；而各国的集体管理组织之间尽管相互订立有代表协议，也常常面临代表性上的缺漏，致使广播组织时有临讼之险。为此，广播组织希望能在立法上采取措施，扩大集体管理组织的管理范围，使广播组织在使用版权作品时更加安全，并为广播组织使用外国作品提供方便。20世纪60年代，北欧各国纷纷开始版权改革，回应新的技术带来的挑战，延伸集体管理就作为一项制度在北欧各国的新版权法中规定下来。❶

延伸集体管理意味着，法律允许某个版权和相关权利领域的集体管理组织与使用者团体签订的许可协议，具有延伸效力；即该协议不仅对该集体管理组织所代表的权利人有效，对没有被代表的权利人也产生法律拘束力。延伸集体管理的一个先决条件是，该集体管理组织在特定领域内具有充分的代表性，如在全国代表了实质性多数的权利人。因为在这样的局势下个人很难通过单独行动获得更好的许可效果，此时把集体许可协议的效力延伸

---

❶ Tarja Koskinen-Olsson, Collective Management in the Nordic Countries, in: Daniel Gervais (ed.), *Collective Management of Copyright and Related Rights*, Kluwer Law International, 2006, pp. 257~264.

至此，才有正当性可言。除此之外，要使集体管理组织的特定许可具有延伸效力，还需要满足以下几个方面的条件：（1）集体管理组织与使用者团体在自由谈判的基础上达成协议；（2）使用者团体可合法使用所有作品，不会受到其他人的单独索赔，也不会受到刑事制裁；（3）未被代表的权利人依法有权取得单独报酬；（4）在多数情况下，未被代表的权利人可以单独禁止使用其作品。❶

延伸集体管理制度允许集体管理组织把集体许可协议的效力延伸至非会员的权利人那里，这违反了"自愿集体管理"的原则。❷ 从这点上看，它有着与德国实行的"强制集体管理"一样的效果，使得那些非会员的权利也被归入集体管理组织的管理范围。不过，延伸集体管理制度允许非会员的权利人提出禁止使用作品的声明，为其保留了退出集体管理的权利；并且允许非会员权利人单独获得报酬，可以不截留其报酬的一部分充作文化社会发展基金。这种退出机制使非会员权利人在是否加入集体管理的问题上保有选择权，没有影响到版权的排他性，因此被认为与强

---

❶ 世界知识产权组织、国际复制权组织联合会，《影印复制的集体管理》，http://www.doc88.com/p－78062691768.html，第 18 页。以及 Tarja Koskinen-Olsson, Collective Management in the Nordic Countries, in: Daniel Gervais（ed.）, Collective Management of Copyright and Related Rights, Kluwer Law International, 2006, pp. 266~267.

❷ 世界知识产权组织把自愿集体管理原则，视为版权与邻接权集体管理的重要原则，指导各国集体管理组织予以遵守。参见"著作权和邻接权集体管理的基本原则"，载国家版权局编：《著作权的管理和行使论文集》，上海译文出版社 1995 年版，第 31~36 页。

制集体管理有着本质上的区别。❶ 强制集体管理制度因为与法定许可及补偿费制度结合在一起，因此灵活性也比较差，也被认为不能很好适应数字网络时代版权利用的发展。❷

（二）延伸集体管理制度在欧洲的适用

欧洲版权社会对北欧各国的这项创新予以认可和推广。1993年《卫星与有线指令》第3.2条指出：

> 会员国可以规定，如果具备了以下条件，集体组织与广播组织之间关于特定类型作品的协议，可以延伸至那些不愿意由集体组织代表的同类作品的权利人：
>
> （1）由同一个广播组织通过卫星向公众同步传播一个地区性广播；
>
> （2）未被代表的权利人在任何时候都有拒绝集体协议延伸至作品的可能，也能决定自行或集体行使其权利。❸

---

❶ Mihaly Ficsor, Collective Management of Copyright and Related Rights in the Digital, Netwoked Environment: Voluntary, Presumption-based, Extended, Mandatory, Possible, Inevitable? in: Daniel Gervais (ed.), *Collective Management of Copyright and Related Rights*, Kluwer Law International, 2006, pp. 37 ~ 83, pp. 47 ~ 50.

❷ 罗莉："评德国的版权补偿费制度及其改革"，载张玉敏主编：《中国欧盟知识产权法比较研究》，法律出版社2005年版，第85～108页。

❸ EC, Council Directive 93/83/EEC of 27 September 1993 on the coordination of certain rules concerning copyright and rights related to copyright applicable to satellite broadcasting and cable retransmission [Satellite and Cable Directive], online: www. europa. eu. int/eurlex/lex/LexUriServ/LexUriServ. do? uri = CELEX: 31993L0083: EN: HTML, 最后访问时间: 20/12/2008.

不过，1993 年的这项指令把延伸集体管理的效力，限定在广播领域，并且要求提供延伸集体管理的会员国通知欧洲议会，以便知悉哪些广播组织可以利用延伸集体许可协议。2001 年，为了应对数字环境中的版权问题，欧洲议会对延伸集体管理的态度更加宽和，在《关于协调信息社会版权与邻接权的指令》中指出："本指令对会员国诸如延伸集体管理这样的权利管理安排，不存偏见。"❶

就北欧国家而言，延伸集体许可最初应用于广播（包括声音广播和电视广播），后来逐渐应用于其他领域，包括：为教育使用及为行政商业机构内部信息而对印刷物进行影印复制；为教育目的而录制广播及电视节目；通过有线电缆或再广播渠道，再次传播广播节目；图书馆使用数字形式的版权材料等。在内化欧盟《关于协调信息社会版权与邻接权的指令》的立法过程中，北欧各国考虑在更多的领域，尤其是在线许可方面扩大适用延伸集体许可。❷

延伸集体许可实际上是以使用者为中心的制度，其目标是保证使用者的安全，使签订了一揽子协议的使用者可以使用任何作品，而不会受到起诉之虞。如果个别非会员权利人试图起诉使用者，发放这种带有延伸效力的集体许可协议的集体组织，将通过

---

❶ EC, Directive 2001/29/EC of the European Parliament and Council of 22 May 2001 on the harmonization of certain aspects of copyright and related rights in the information society (2001), [Copyright Directive], online：www. europa. eu. int/eurlex/en/consleg/pdf/2001/en_ 2001L0029_ do_ 001. pdf, 最后访问时间：20/12/2008.

❷ Tarja Koskinen-Olsson, Collective Management in the Nordic Countries, in：Daniel Gervais （ed.）, *Collective Management of Copyright and Related Rights*, Kluwer Law International, 2006, pp. 272～273.

特定的程序予以化解；如果该非会员权利人的起诉是合理的，由此引起的任何费用，将由集体管理组织来补偿。[1] 另外，非会员权利人可以单方面决定退出延伸集体管理，或者要求获得单独的补偿，这些都会增加集体管理组织的管理成本。因此，在延伸集体管理制度中，集体管理组织负担了比较多的责任。集体管理组织需要花费更多的时间和精力来完善自己的作品库，对作品及其权利人作更加细致的甄别，处理非会员权利人的要求，应对可能的诉讼。也正因为此，世界知识产权组织（WIPO）以及国际复制权组织（IFRRO）一再建议，只有那些集体管理组织具有高度的代表性并且运作成熟良好的国家，才可以由法律规定延伸集体管理制度。[2]

（三）数字网络时代延伸集体管理制度的应用

数字网络时代，专业使用者对版权利用的需求在急剧扩大，普通终端使用者对使用作品的需求，也是以往的版权制度所难以涵盖的；使用者在版权利用市场已经占据越来越重要的地位，这是一个应该"认真对待使用者权"[3] 的时代。延伸集体管理制度

---

[1]　Mihaly Ficsor, Collective Management of Copyright and Related Rights in the Digital, Netwoked Environment: Voluntary, Presumption-based, Extended, Mandatory, Possible, Inevitable? in: Daniel Gervais (ed.), *Collective Management of Copyright and Related Rights*, Kluwer Law International, 2006, p. 47.

[2]　世界知识产权组织、国际复制权组织联合会，《影印复制的集体管理》，http://www.doc88/p-78062691768.html，第18页。以及 *IFRRO Manual-How RROs function*, p. 27, http://www.ifrro.org/upload/documents/ManualIfrrofinaljune15.pdf，最后访问时间：12/20/2008.

[3]　亚伯拉罕·德拉西诺韦尔："认真对待权利"，载［加］迈克尔·盖斯特主编：《为了公共利益——加拿大版权法的未来》，李静译，知识产权出版社2008年版，第332～344页。

若与数字权利管理系统相结合，将带来权利人、集体管理组织以及使用者多方共赢的局面。对集体管理组织而言，数字权利管理系统将使得集体管理组织处理有关非会员权利人的信息，更加方便、迅捷、节约；无论是查询作品的权利状态、权利人的主张，还是办理退出手续、处理独自获酬请求，都将有所助益。这样的结果也是有利于权利人的，也会使得权利人更加倾向于接受集体管理。对于数字网络中的使用者来说，安全有着更加重要的意义；延伸集体管理与数字权利管理结合得当，也将使使用者的安全得到更好的保证。这对专业使用者与一般终端使用者来说，同样具有重要的意义。下面以 P2P 共享软件引起的纠纷为例，来说明延伸集体管理应用可能带来的意义。

P2P 共享软件为广大使用者提供了共享音乐、电影以及其他信息的平台，然而 P2P 共享软件和硬件服务的提供商，受到了版权人运用技术和法律手段发起的猛烈攻击，一般终端使用者也屡遭诉讼。在法律上，版权人首先起诉 P2P 服务提供商，其中最有影响力的两个诉讼分别是 Napster 案和 Grokster 案❶。前者直接导致提供 P2P 软件的 Napster 公司被责令关闭；其后版权人也对一般使用者发起诉讼风暴，严厉者甚至把使用者送进监狱，比如香港市民陈乃明，因为利用 BT 软件将三部电影上传至网络，被香港屯门法院判定构成刑事犯罪❷。在技术上，版权人充分应用各种技术措施来看守和防卫在网上发行的各种作品，其中最令人反

---

❶　A&M Records, Inc. , etc. v. Napster, Inc. , 114F. Supp. 2d 896 (N. D. Cal. 2000);
Metro-Goldwyn-Mayer Studios, Inc. v. Grokster, Ltd. 380F. 3d. 1154(9th Cir. 2004).

❷　http：//www. sipo. gov. cn/sipo2008/dtxx/gw/2005/200804/t20080401 ＿
353055. html，最后访问时间：12/20/2008.

感的是向 P2P 共享平台投放大量伪劣虚假作品和信息，使 P2P 平台发生拥堵无法正常使用。在这场纠纷中，版权成了阻止使用者使用版权作品的工具。然而如果版权的使用被禁绝，版权人又能从何处受益？新技术的发展实际上使版权的网络使用绝难禁止。版权人与使用者之间这种紧张的对立，给双方都带来了不良的后果：使用者顺畅安全使用作品的希望受到阻滞，版权的权威性和正当性也受到减损。❶

禁止使用受版权保护的作品和信息，究其实质并非版权人的目的；故意侵犯版权，也不是使用者的本意。如果能够有恰当的许可模式，允许版权人从版权许可中受益，使用者也能通过价格合理的许可协议去安全方便地使用作品，长期伤害双方的对立，就会得到缓和。延伸集体管理制度与数字权利管理系统相结合，不失为一条可行的途径。在数字权利管理系统的支持下，集体管理组织可以提供灵活多样的一揽子许可协议（如包月制、年度制），以使用者可以接受的价格，向使用者发放许可；使用者接受协议条件和支付价格后，就可以到特定的网络平台尽情享用所有的版权作品及有关信息，而无任何后顾之忧。未被代表的权利人可以通过精确的使用记录及时迅速地得到单独补偿；集体管理组织及其所代表的权利人也可以更好地保护版权人的权利，并提高与使用者的谈判能力。当然，什么样的集体管理组织有资格发放具有延伸许可效力的许可协议，有待于各国的法律作出规定；集体管理组织自身也需要在效率、公正以及公开等方面作更多的

---

❶ Prof. Dr. Daniel Gervais, The Changing Role of Copyright Collectives, in: Daniel Gervais (ed.), *Collective Management of Copyright and Related Rights*, Kluwer Law International, 2006, p. 8.

努力。❶

第四节　多元权利管理模式的整合

由于作品形态、使用者需求在数字网络环境里日趋复杂多样，在版权许可和管理市场，实际上不可能仅存一种或少数几种许可和管理模式。掌握着大量权利的法人型权利人，可能愿意并有能力采取个别许可的方式来实现版权带来的利益；一般的权利人可以借助版权中心或版权市场的技术和平台，实现个别化的许可；专业使用者由于长期重复使用多种作品，倾向于采取传统的一揽子集体许可模式，节省搜寻和缔约成本；一般终端使用者希望版权许可能提供安全便宜地接触和利用作品的机会，延伸集体管理能够提供这种保证。这几种模式的成功运作，都以完善的数字权利管理系统为基础。版权许可市场这几种主要的许可和管理模式，以及形式多样的版权管理组织，在某种程度上构成竞争，然而在许多时候也需要联合起来，才能够满足市场的新需求。

一、多种管理模式的联合应用

如前所述，不同的权利人和使用者也会选择不同的管理/许

---

❶　丹尼尔·热尔韦："在互联网上使用版权内容：有关排他性和集体许可的思考"，载［加］迈克尔·盖斯特，《为了公共利益——加拿大版权法的未来》，李静译，知识产权出版社 2008 年版，第 371～395 页。

可方式。在竞争激烈的版权市场，特定的版权管理或许可机构，也可能综合采取各种许可模式，为权利人和使用者提供个性化的选择机制。数字技术的发展为这样的版权管理机构提供了整合各种管理和许可模式的机会。美国版权结算中心（CCC）其实就是整合了集中许可模式与个别许可模式的较早的典型。CCC不仅提供一揽子许可，也允许一对一的个别许可，并对个别许可提供了现实的实现途径，使得使用者可以在一揽子许可与个别许可之间进行自由的选择。数字版权管理技术使得CCC的个别化许可得到强化。在CCC的运营过程中，虽然没有明确拒绝，但实际上个人作者和权利人是难以加入CCC的，按照惯例他们把版权转让给出版公司，后者携版权加入CCC，并把从CCC获得的使用费按照比例分给作者或个人权利人。数字网络环境使得许多作品不需要传统意义上的出版商就可以直接在网络上出版发行。现在，有了数字技术的支持，CCC也以更加开放的姿态，欢迎这些个人作者和权利人加入CCC。❶ 个人作者和权利人的加入，使CCC的个别化许可得到深化。美国表演权组织ASCAP在20世纪50年代与美国司法部签订和解协议时，也承诺在集体许可之外，提供个别化许可，允许权利人与使用者直接达成协议。然而由于管理成本过高，ASCAP不能提供有效的渠道，个别化许可一直难以真正实现；数字权利管理技术应该可以为ASCAP有效降低个别化许可管理成本，实现集体管理与个别管理的结合。

对传统集体管理组织，尤其是表演权集体管理组织来说，如果能够借助数字管理技术实现对个别集体管理模式的整合，则它

---

❶ http：//www. copyright. com/ccc/viewPage. do？pageCode = aul，最后访问时间：20/12/2008.

应对个别管理挑战的能力将大大增强。如前所述，个别管理对集体管理的最大挑战是，大的权利人或著名的作者及艺术家不加入集体管理组织或从中退出，将给集体管理组织带来比较大的损害。一方面，这使得表演权组织管理的作品范围大幅减少，使用者的兴趣降低，集体管理组织的谈判地位受到影响；另一方面，大权利人的作品以及著名作者、艺术家的作品，是表演权集体管理组织所管曲目中赢利能力较高的部分，一是这部分作品被撤出，表演权组织的收入将大受影响。表演权集体管理组织如果可以在提供集体许可的同时，兼顾大权利人或著名作者、艺术家的利益，将可以对他们产生更大的吸引力，把他们留在组织内部。

在这方面，或可借鉴最早诞生的表演权集体管理组织——法国戏剧作者作曲者协会（SACD）的经验。SACD一开始就采取了集体管理与个别管理相结合的模式。通常协会通过与剧院等演出团体及行业协会进行谈判，签订"总协定"，约定使用协会作品的条件和总的收费政策，预先为具体作品的使用搭建一个合理的框架。其后作者在此基础上与演出单位进一步商谈表演条件，包括计算使用费的方式、演员选择以及改编等各个具体而微的方面。作者一般委托代理人与剧院等与演出单位进行谈判，协会也会予以积极的协助，以保护作者的权利。❶ 这是表演权组织采用集体管理与个别管理相结合的成功案例。这种模式的好处，是可以将著名的作者留在集体管理组织，为集体管理组织带来更高的吸引力、更多的收益以及更强的凝聚力。当然，戏剧作品及戏剧

---

❶ ［法］雅克·蓬贡班："戏剧作品和音乐戏剧作品的集体管理"，载国家版权局主编：《著作权的管理和行使论文集》，上海译文出版社1995年版，第227～302页。

音乐作品上的表演权毕竟还是大权利，个别管理相对要容易许多。如果非戏剧音乐作品表演权组织也采取这种模式，在没有强大技术支持的情况下，管理成本将令音乐表演权集体协会难以承受，因此这种管理模式一直未被推广至其他表演权集体。

现在，数字技术和网络技术的发展为这种模式的推广提供了契机，表演权集体管理组织可以进行有益的尝试，提供更加多样的服务。就像欧洲在建集体管理项目 VERDI 的承诺一样："如果权利人希望授予多媒体制作者个别许可，多媒体权利组织应该只提供版权及许可信息；如果权利人及其管理组织希望有一个集中的结算中心，VERDI 可以像美国 CCC 那样成为中介；VERDI 集体管理组织当然也可以运用统一的费率和条件。总之，各取所需。"❶

二、多个权利管理组织的联合

集体管理最早出现在戏剧作品表演权领域、音乐作品表演权领域、音乐作品机械复制权领域，各个领域各有独立的版权集体管理组织。模拟复制时代又出现了一大批复制权管理组织以及各种邻接权组织或其他权利管理组织。以德国为例，先后出现了音乐作品表演权及复制权协会（GEMA）、邻接权集体管理协会（GVL）、文字与科学作品集体管理协会（VG WORT）、图形作品集体管理协会（VGB）、电影作品表演权集体管理协会（GUFA）、影视作品制片人著作权集体管理协会（VFF）、卫星著作权协会（卫星广播企业邻接权有限公司）等主要以作品及权利类型为基

---

❶ Dr. Mihaly Ficsŏr, *Collective Management of Copyright and Related Rights*, WIPO Publication No. 855（E）, Geneva, 2002, p. 296.

础而成立的各种集体管理协会。❶

版权集体管理组织的建立，与版权对象和范围的扩展有着密切的联系。从版权的前网络历史来看，版权法的发展是沿着两条主线进行的。首先是"作品"这条主线，许多新的创作形式在版权概念之下引进来，扩展了版权法中作品的范畴，如照片、电影、电脑程序等；另一条是"权利"主线，各种权利被按照各种新的使用方式创造出来，扩展了版权法中权利的范围，如无线广播、电视、有线和卫星传输，现在则是网络。版权的"权利束"就是在这两条主线的综合作用下日渐壮大；然而，组成权利束的各项权利，彼此之间缺乏内在的联系，缺乏标准化及有效的组织，堪称权利碎片❷。版权集体管理组织就是建立在这样的权利碎片基础上。各个集体管理组织各自从传统权利碎片中分割属于自己的部分，专司某个领域或某个权利的管理与许可。在前网络时代，这种条块分割的权利管理模式，还是比较有效的；它使得权利管理组织的管理比较集中、更易操作、更加专业。这种模式，也是与使用情况相适应的。每种类型的使用与每种权利相对应：为使用书本、录音磁带和 CD，需要获得复制权；广播组织者要广播作品，则要取得向公众传播的权利；拍摄电影要获得小说的改编权，等等。因此，各专业使用者往往有相对应的权利集

---

❶ Prof. Dr. Jorg Reinbothe，Collective Rights Management in Germany，in：Daniel Gervais（ed.），*Collective Management of Copyright and Related Rights*，Kluwer Law International，2006，pp. 199～201；以及［德］M. 雷炳德，《著作权法》，第 557～561 页。

❷ Daniel Gervais and Alana Maurushat，Fragmented Copyright，Fragmented Management：Proposals to Defrag Copyright Management，*Canadian Journal of Law and Technology*，Vol. 2（2003）pp. 15～33.

体管理组织，只从一家集体管理机构或一个领域内的权利管理机构获得授权就可以满足该专业使用者的需求。

　　但是，在数字网络环境之下，这种各自为政的许可模式的弊端逐渐凸显起来。网络技术使作品的利用变得复杂。比如在网络上提供一部作品，既构成复制，也构成向公众传播，为此网络内容提供者必须向两家集体管理机构申请授权许可。如果把越境传播造成的法律问题也考虑在内，这个过程就更加复杂。以在网络上使用音乐为例，要获得许可，至少会涉及四个权利人或集体管理组织，他们是以下各项权利的持有人：

　　（1）音乐文件上传者对音乐文件的复制；

　　（2）在上传音乐文件地向公众传播；

　　（3）在接收音乐文件地向公众传播；

　　（4）音乐文件接收者对音乐文件的复制。

　　不仅如此，权利人的情况也非常复杂，在一件音乐文件上，可能存在作曲者和作词者、表演者以及录音制品生产者，他们往往分属不同的集体管理组织。如果再对权利人的情况予以区别，整个许可过程就会变得像迷宫一样。❶

　　另一个挑战传统集体管理组织条块分割许可模式的例子，是多媒体。多媒体是一个使用了很长时间的概念，然而多媒体技术还没有非常稳定，发展方向也不是完全清楚，因此对于多媒体的概念，各方众说纷纭。有从最广义角度给多媒体下定义，认为是具有多样化表现形态的媒体以及依靠媒体所能实现的智能化操作

---

❶　Prof. Dr. Daniel Gervais, the Changing Role of Copyright Collectives, in: Daniel Gervais Daniel Gervais（ed.）, *Collective Management of Copyright and Related Right*s, Kluwer Law International, 2006, pp. 12 ~ 13.

环境；也有从狭义角度出发，认为利用多种媒体形态处理信息所得到的结果，也可以用多媒体来表达。❶ 不过，无论是从广义还是狭义的角度看多媒体，它的顺利运行都离不开著作权的集中处理。单从多媒体产品的制作过程来看，其涉及比传统单一媒体（如纸质字典、录音录像带）多得多的素材。要处理存在于这些素材之上的版权，如果没有集中的权利处理机构作为中介，多媒体制作商将无法担负处理版权的巨额成本。从作品的角度看，多媒体制作需要融合文字、声音、静止画面、活动画面作品以及文字、声音、画面交叉结合而成的各种作品。它对每一种作品的需求量都很大，又涉及更多的作品形态，更涉及复杂的权利人组成；传统各自为政的版权集体管理机构不能满足多媒体制作对集中处理版权的需求。

因此，在数字网络环境以及多媒体时代，各种权利管理机构应该联合起来，创造更加便捷的权利处理模式，使专业使用者、一般使用者以及社会公众，都能便利迅捷地获得信息，接触文化。因为，数字网络以及多媒体不仅是产业发展的希望之星，它

---

❶ ［日］中山信弘：《多媒体与著作权》，张玉瑞译，专利文献出版社1997年版，第54~55页。

们的存在对于个人生活甚至谋求生存，具有更高的意义。❶

　　世界各国的权利管理组织也意识到这个问题的急迫性，从 20 世纪 90 年代中期就开始在国内及国际层面探索联合合作管理权利的方法。比如，法国的五大主要集体管理组织于 1995～1996 年成立了联合管理机构 SESAM，帮助管理各个协会涉及多媒体产品的权利。SESAM 为多媒体制作者提供"一站式"服务，各个协会通过 SESAM 平台，利用数字网络技术把各自数据库集中到 SESAM，为多媒体制作者以及在线内容提供者创建一个单一的集中化许可资源。SESAM'应用了一个统一的费率系统，能够以很低的成本快速收集和分配使用费；也有控制利用作品及与盗版斗争

---

　　❶　数字网络以及多媒体的发达，不仅对增强国际竞争力、扩大就业机会有作用，其在医疗、福利、教育、交通方面也具有划时代的影响，并具有救济弱者等社会政策方面的意义。因此，日本将发展多媒体的意义定位为：使"任何人，在日本的任何地方，都可以世界标准最便利、同等程度地享受生活，获得职业，接触文化。"日本产业界及学术界都极其重视多媒体课题，著作权专家也对此予以高度关切，积极研究著作权领域的改良。参见 ［日］中山信弘：《多媒体与著作权》，张玉瑞译，专利文献出版社 1997 年版。以及 Zentaro Kitagawa, Copymart：A New Concept-An Application of Digital Technology to The Collective Management of Copyright, in：*a thesis on the WIPO Worldwide Symposium on the Impact of Digital Technology on Copyright and Neighboring Rights*, Harvard University, Cambridge, March 31 to April 2, 1993. ［日］北川善太郎，"网上信息、著作权与契约"，渠涛译，载《外国法译评》1998 年第 3 期，第 38～47 页；以及北川善太郎的另两篇文章："作为协议体系的著作权市场——论复制市场"，龚三苗译，载《中国电子出版》1998 年第 3 期，第 23～26 页；"不久未来的法律模型——由不久未来而思考现代"，华夏/吴晓燕译，载《比较法研究》2006 年第 1 期，第 130～146 页。

的经验，是一个完全意义上的集体管理组织。❶

同样的一站式权利许可组织，也在其他国家得以成立。比如德国九个代表作者及其他权利人的集体管理协会（GEMA，GVL，VG WORT，GUFA，GWFF，VG BILDKUNST，VFF，VGF，AGI-COA）于 1996 年组成 CMMV。各协会达成的 CMMV 的合作协议确定，合作的目标是帮助达成多媒体制作商与权利人之间的谈判。在第一阶段，CMMV 承担了信息掮客的功能，把多媒体制作商的需求转达给相应的集体管理协会，把受保护材料的相关信息反馈给多媒体生产商。在第二个阶段，如果集体协会需要，CM-MV 可以成为权利人和集体协会的许可中心，代为签订许可协议。❷ 与法国 SESAM 不同，CMMV 的角色，更像美国的 CCC，是集体协会以及权利人的权利结算中心，被德国学者认为是属于著作权集体管理组织共同的代收账款机构，而不是传统意义上的集体管理组织。❸

在此基础上，欧洲六家有影响力的集体管理机构❹，在欧盟委员会支持下启动 VERDI 项目，以实现欧盟范围内的联合权利管理。VERDI 项目不强调权利管理的集体性特征，而注重提供多样化的权利管理和许可方式，以平衡各方的需求和选择。更多的国内以及地区性合作正在进行之中，如上文提到的圣地亚哥协议、

---

❶　Dr. Mihaly Ficsor, *Collective Management of Copyright and Related Rights*, WIPO Publication No. 855 （E）, Geneva, 2002, pp. 107 ~ 108.

❷　Dr. Mihaly Ficsor, pp. 108 ~ 109.

❸　［德］M. 雷炳德，《著作权法》，张恩民译，法律出版社 2005 年版，第 559 ~ 560 页。

❹　分别是 SESAM（法国），KOPIOSTO（芬兰）、CMMV（德国）、SI-AE（意大利最大的集体管理组织）、SGAE（西班牙最大的集体管理组织）。

中国著作权集体管理协会与香港作者作曲者协会的合作等。总而言之，各权利管理组织之间的合作、联合管理是未来版权管理与许可一个不可忽视的趋势。

第五节　本章小结

版权集体管理组织，自诞生以来到 20 世纪 90 年代数字网络技术发达之前，在近 200 年的时间里，已经发生了许多变化，以应对不同时期技术的革新及社会文化发展的需要。然而，与数字网络技术带来的难题相比，这些变化委实微不足道。在数字网络环境下，权利管理更加困难复杂，同时不同的权利管理和许可模式得到试验、选择、更新甚至淘汰。

权利人自己管理版权、许可他人对版权的使用，这是权利的内在意义之一。然而版权权利束中，有一些权利由权利人个人单独行使有实际的困难，因此需要集体行动，进行许可并维护权利人的利益。数字权利管理技术在有些地方可以减轻个人行使的难度，个人管理那些原本不容易管理的权利，正在形成一种新兴之势。这对传统集体管理组织构成不可忽略的影响和挑战。但是，由于掌握数字权利管理系统需要较高的技术和成本，个人管理还不能满足专业使用者的需求，在可以预见的未来也不能取代集体管理。

传统表演权集体管理组织受到挑战，其实早在模拟复制时代就已经开始。美国版权结算中心（CCC）创造了集中管理、个别许可的模式——把复制权集中在一起，但允许且提供技术支持权利人自己定价，与使用者达成许可协议。这种模式使版权集体管理模式出现了从集体化向集中化发展的趋势，也令版权管理机构的角色发生了变化，从版权人的守护者逐渐变换成权利人与使用者的中间机构。日本版权专家倡导的版权市场，则在这个基础上往前更进一步：版权人不需要传统集体管理组织的保护，也不需要中间机构的帮助，他们只需要一个由技术支撑的版权自由市场，就可以直接与使用者达成版权许可交易。与单纯的个人管理相比，这种模式能够解决数字权利管理技术的成本问题，但仍然不能解决搜寻成本与缔约成本过大的问题，除非把版权自由市场的规模予以控制。但是如果这种市场的规模过小，则必影响权利人以及使用者的吸引力。因此，这种"去中间化"的模式也难以很快产生大的效应。

传统集体管理模式也可借助数字网络技术降低管理成本、提高许可效率，更好地服务于权利人及使用者。针对数字网络中数字作品广泛分布，一般许可协议难以完全涵盖的问题，主要应用于北欧国家的延伸集体管理制度，可以发挥其延伸效力予以解决。传统集体管理组织也可以通过融合个别许可等新的管理方式，适应数字时代多元化的使用需求。在应对多媒体产品的需求方面，各集体管理组织联合起来，合并资源，创建更为集中、力求使用者和权利人能够各取所需的许可平台，已经成为一种趋势。

随着权利管理组织内部架构的变化，表演权管理组织创始人在其诞生之初确定下来的团结互助、自由联合的精神，正在逐渐淡化；长期以来"提高作者精神权利，保护作者财产权利"的宗旨❶，也在不知不觉中被"调整和平衡作者与使用者之间关系"

---

❶ Dr. Mihaly Ficsor, *Collective Management of Copyright and Related Rights*, WIPO Publication No. 855（E），Geneva，2002，p. 20.

的目标❶所代替。新的管理方式，在作者与使用者构成的两极关系中，更加趋向使用者那端。数字时代集体管理组织的任务，或可用一句话予以概括，即：增进以合法方式使用作品的可能性。❷

---

❶ Prof. Dr. Daniel Gervais, The Changing Role of Copyright Collectives, in：Daniel Gervais Daniel Gervais（ed.），*Collective Management of Copyright and Related Rights*，Kluwer Law International，2006，p. 18.

❷ Tarja Koskinen-Olsson, Collective Management in the Nordic Countries, in：Daniel Gervais（ed.），*Collective Management of Copyright and Related Rights*，Kluwer Law International，2006，p. 282.

第七章

借鉴与反思：我国著作权集体管理组织发展的方向

从世界上第一个表演权集体管理组织成立到现在，已经过去了近200年的时间。集体管理作为版权领域一项重要的制度、理论及实践，也经历了变化、革新及改良。回望其中的过程，有时可以看见历史环境对集体管理组织发展的影响，如集体管理组织最初诞生的历史环境以及各个时期技术革新对集体管理组织的深刻影响；有时也令人感叹经验对权利人及集体管理组织的教益，如集体管理组织根据反垄断形势以及数字网络较快地调整发展策略；可是也有那样的时候，似乎集体管理制度及组织有自在的逻辑，带着惯性顺着版权发展的洪流往前直行，如著作权集体制度是作者集体的创造物，然而创造过程一经完成，它就脱离开作者预设的轨道，按照自身的逻辑发展。

我国被裹挟进这股潮流的时间，还不到20年。但是我国一进入这个世界，就面临着这个世界近200年来最为复杂的局面：版权在信息社会与网络世界的夹击下问题重重。找到解决问题的途径或许要采取综合的方式，然而从局部突破也常是取胜的妙招。从版权实现的角度（从使用人的角度看是版权的许可）看，如果能使信息网络社会的版权实现/许可顺畅进行，版权法预定的目标得到完成，那么版权法的问题就多少可以得到化解。而从历史的经验来看，版权集体管理/许可制度无疑是达到这个结果的适宜方式。因此，加强我国数字环境下的集体管理制度建设，发展集体管理组织，倒也不是空洞的呐喊，而有迫切的实际需求。❶ 然而，由于缺乏对集体管理组织历史、逻辑以及经验的全面认识，我们在实践中常感到迷惑困顿，并导致行动迟缓。❷ 本章尝试在前文分析研究著作权集体管理组织的发展历史及其逻辑、经验的基础之上，对我国当前版权集体管理制度设计过程中遇到的困惑，进行认真思考剖析并提出一些见解。

第一节　集体管理组织功能定位：趋中间化

一、从集体管理组织的发展历程来看其中间化趋势

集体管理组织应当具有怎样的功能，承担怎样的任务？这在我国不是一个没有争议的问题。当然，集体管理组织欲发挥的功能，与集体管理组织自身的定位有关，这也是集体管理组织作为独立的市场主体所自由设定的。但是，版权政策法律的制定者，应该对版权集体管理组织的基本发展趋势以及功能有着整体观上

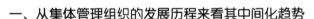

❶ 曹世华："数字出版产业发展呼唤著作权集体管理现代化"，载《中国出版》2006 年第 9 期，第 50 ~ 53 页；李洪武："垄断与限制垄断：著作权集体管理在信息网络时代的扩张"，载《图书情报知识》2005 年第 4 期，第 43 ~ 46 页；曹世华："论数字时代技术创新与著作权集体管理制度的互动"，载《法学评论》2006 年第 1 期，第 38 ~ 46 页。

❷ 许超："解读《著作权集体管理条例》"，载《电子知识产权》2005 年第 2 期，第 13 ~ 19 页；以及许超：《著作权疑难问题评析》，浙江教育出版社 2000 年版，第 250 页。

的认识和把握，这样才能在立法上有所侧重，使著作权集体管理这项制度，服从一国版权法的基本目标和宗旨。

表演权集体管理组织从诞生到现在，大致经历了广播时代、模拟复制时代以及数字时代几个重要的技术发展阶段。在此过程中，集体管理组织为应对不同的技术手段对实现版权带来的影响，在不断调整和变换自身的功能和角色。在广播时代，版权人个人不仅无法监控作品的使用，不能从作品被利用中获得补偿，更无法与使用者组织——无线广播组织、电视组织以及有线广播、卫星广播组织等达成公平的谈判，后者的经济地位和社会地位占据了绝对的优势。集体管理组织是作为弱者的集体而出现的，发挥了首先维护作者经济权利继而提高作者精神权利的重要作用。在这个阶段，音乐表演权集体管理组织毫无疑问是作者（或出版者等其他权利人）权利的守护人；在权利人与使用者关系当中，作为权利人一方，提高了原本分散的作者们的谈判地位和能力，为权利人与使用者、作品与公共利益之间关系的平衡，起到了不可忽略的作用。本书第三章就此作了大量的论证：音乐表演权集体管理组织设立和活动的根本宗旨与基本目的，就是维护著作权人的利益。

在 20 世纪 40～50 年代，就音乐作品的表演权而言，主要的使用者仍然是组织良好、有经济实力的各种集中的、专业的使用者，但是较小规模的使用也在扩散，比如歌厅、学校、商场、候车室、公园、公共浴室、体育场、工厂等。虽然表演权组织最早是从公共娱乐场所的装饰性音乐使用入手，扩展公开表演权的范围，❶但这些公共非娱乐场所对音乐的装饰性、背景式使用，由

---

❶　详见本书第二章。

于技术原因没有盛行，长期没有落入表演权的保护范围。待这些领域的使用兴起之时，表演权集体管理组织羽翼正丰，因此有更强的谈判能力，要求这些比较分散的使用者支付音乐使用费。但是，这时表演权组织从这些半公共性质的使用者那里收取费用，其根据已经发生了变化：不再是弥补作者由于新技术的应用而遭到的损失，相反，是要为作者或其他权利人创造新的、更多的收入来源。这也是各使用者团体组织起来，反对集体管理组织活动的一个重要的原因。使用者的反对以及政府的反垄断措施，也促使表演权集体管理组织修正自身形象，开始注重创建和发挥其他功能：开展文化促进活动、扶助新音乐形式、推动学校音乐教育等。虽然论者也可以把集体管理组织在维护权利人利益之外发挥的其他功能，看做在此首要的、第一层次的功能之外"次生的、附带的、自然衍生"的功能；❶ 然而，从专注于维护权利人利益，到关注使用者及公众的需求，不能不说集体管理组织也在悄然发生着变化：在以权利人与使用者为两极的关系当中，集体管理组织已经从与权利人重合的这一端，分身而出，尝试朝着比较靠近使用者的那端迈进。

模拟复制时代，使用者的范围更加广泛。模拟复制技术流行之前，音乐表演权的使用者主要是专业的、营利性的机构、团体或法人；文字作品以及音乐作品的复制使用，更加集中于少数的专业使用者——出版社、音像制作公司，以及盗版人。模拟复制技术流行，把版权人带到一个更大的版权利用世界，在这个世界里，使用者数量更多、更加分散。图书馆、研究机构、学校以及

---

❶ 张梅：《政治学视野中的中国版权保护问题研究》，苏州大学博士学位论文 2006 年，第 170 页。

家庭乃至个体的人，都可以方便地复制和利用受版权保护的作品。版权的许可和利用方式，是否还可以由数个集体管理组织说了算？数量庞大的使用者群，对版权集体管理的模式也可以有自己的选择。专业使用者更是借助了一般使用者的声势，来对版权的许可方式施加影响。因此，在复制权领域成立的集体管理组织，与表演权集体管理组织有着重要的区别。就美国和英国的实例而言，复制权结算中心（CCC）以及复制权许可公司（CLA），都不再强调自己是版权人利益的维护者，而立意作为版权人和使用者的中间平衡力量。从组织架构以及实际实践上看，复制权结算中心都着意建设中介平台，对权利人及使用者都无偏私。而从欧洲大陆作者权法系来看，政府通过强制集体管理、法定许可以及复制补偿税等制度，借用著作权集体管理组织的既有组织架构和运行体系，去发挥本应主要由政府实现的促进社会文化的功能和目标。从著作权人的角度看，虽则强制集体管理加强了集体管理组织的法律地位，然而法定许可与补偿税制度，却有使排他性的作者权异化为单纯的获酬权的风险。❶ 欧洲大陆作者权法系国家的做法，从这个角度看是使集体管理制度朝着更加有利于使用者的角度发展。版权法系的国家与作者权体系的国家，从不同的角度出发，对集体管理制度进行改良，最终却指向同一个方向。也许正如 Paul Goldstein 所总结的那样：版权法系与作者权法系有

---

❶　Mihaly Ficsor, Collective Management of Copyright and Related Rights in the Digital, Netwoked Environment: Voluntary, Presumption-based, Extended, Mandatory, Possible, Inevitable? in: Daniel Gervais（ed.）, *Collective Management of Copyright and Related Rights*, Kluwer Law International, 2006, pp. 39 ~ 42.

不同的法律文化和哲学倾向，然而他们都同样娴熟地在不同的地方适用自然权利观念和实用主义标准，二者没有区别。❶

数字网络时代，不仅人人都是使用者，使用者也常常是创作者、发行者及传播者。电影和音乐行业的版权人经常抱怨那些从网上下载或复制作品的使用者是"寄生虫""小偷"或者盗版者；然而毋庸置疑，使用者也实际参与到传播行为当中，并且经常在当中对作品进行编撰。此外，公共利益也通过一般终端使用者消费文化产品，或者提供娱乐产品而得到实现。因此，版权人与使用者的关系，在数字网络环境下已经不同于以往。集体管理组织必须采取更为亲和的方式，去接近使用者，为使用者提供方便地接触和使用作品的方式，权利人的利益才可能得以实现。因此，像 CCC 那样的中立模式受到各方关注；传统集体管理组织也在运用数字技术革新整个体系运行的各个环节，使集体许可的效率得到提高，并且考虑推广应用来自北欧的延伸集体管理制度，以更好地服务于使用者。各集体管理组织之间各种形式的联合，也都以快速有效地联系版权人与使用者为旨归，体现出越来越多的中间性。在特定的作品利用领域，如音乐作品表演权方面，也许传统集体管理模式还占有优势，然而在其他领域，必将出现多种管理模式并存的局面。这一切都在说明，从整体来看集体管理组织的功能越来越趋中间化。❷

---

❶ ［美］保罗·戈尔斯坦：《国际版权：原则、法律与惯例》，王文娟译，中国劳动社会保障出版社 2003 年版，第 3 页。

❷ Daniel Gervais and Alana Maurushat, Fragmented Copyright, Fragmented Management: Proposals to Defrag Copyright Management, *Canadian Journal of Law and Technology*, Vol. 2 (2003), pp. 15~33.

二、从著作权法律与政策的目标来看集体管理组织功能的中间化

著作权集体管理组织功能的中间化趋势，并不是空穴来风，而与著作权/版权法律与政策的目标有着密切的关联。关于著作权制度的目标，版权世界各国的法律规定不尽相同，然而分别都属于"版权实用主义"或者"作者自然权利说"的一分子。版权实用主义的代表者为英美等国，认为版权赋予创作者有限的垄断权来促进社会利用，达到平衡。其中尤以美国宪法第一条第 8 款的规定为世人熟知，该条款明确宣称版权的目的是促进"科学和有益艺术的进步"❶。作者自然权利说的支持者是法、德等国，它们认为版权法的目的就是承认和回报作者对创作作品所付出的劳动，这或者可以从德国《著作权法与邻接权法》唯一一条总则性规定中体现出来；德国《著作权法与邻接权法》第 1 条开宗明义写道："文学、科学、艺术作品的作者对其作品按照本法规定享有保护。"❷

然而，版权法系与作者权法系的分野，是由 19 世纪法国和德国特殊的历史和政治、经济环境造成的。在这之前，二者走过了一样的历程：王室及其代理人垄断书籍印刷和贸易，版权/作者权首先是孕育在反对垄断的胚胎中得以确认的。❸ 根据 Saun-

---

❶ United States Constitution, art 1, §8, cl. 8. http://www. usconstitution. net/const. html#Article1，最后访问时间：20/12/2008.

❷ 《德国著作权法与邻接权法》，载［德］M. 雷炳德：《著作权法》，张恩民译，法律出版社 2006 年版，第 711 页。

❸ David Saunders, *Authorship and Copyright*, Roulteledge, London, 1992，pp. 73～121.

ders 的分析，作者权理论和体系是 19 世纪德国作者人格权利理论和法国法院实践偶然联合的产物，直接来源于法德两国反对盗版的需要。❶ 自 19 世纪到现在，由于技术的革新以及全球化程度的加深，版权法系与作者权法系在版权制度变革方面不仅在时间上同步化，在内容上也趋同化。它们在版权法的目标和功能上的认识，也更加的接近，虽然在表述上还有差异。在此背景下，美国人在检讨对作者权利的保护是否要增进一些，而德国的学者也抱怨德国乃至欧洲的版权立法都没有能像美国那样突出版权法的社会功能。❷ Paul Goldstein 曾经尖锐地指出：

> 如果不同的哲学倾向曾在版权立法中发挥过作用的话，准确地说它们所体现出的区别仅是促使创制新权利的原则和支持对这些权利作出限制性规定的原则间的区别。从历史角度看，无论是在普通法系国家还是在大陆法系国家，正是版权保护主义者对自然权利的追求（而不是严格的实用主义标准），标志着新权利的诞生和原有权利的丰富。同样，从实用的角度对收益和成本进行权衡时，人们往往将注意的焦点放在交易成本上一样，这种实用主义的结果表现为大陆法系国家和普通法系国家对权利（甚至是精神权利）作出了同样

---

❶ David Saunders, *Authorship and Copyright*, Roulteledge, London, 1992, pp. 115～121.

❷ Dr. S. von Lewinski, Functions of Collecting Societies in General; Sylvie Nerisson, Social Functions of Collective Management Societies. Both in: *Collective Administration of Copyright and Neighbouring Rights* (MPI Book Project).

程度的限制。❶

简而言之，版权法系和作者权法系，都利用自然权利观来创制新的权利，利用实用主义的观点对权利进行限制，二者没有什么区别。因为他们其实都服务于共同的最终目的：促进社会文化的发展。社会文化的发展一方面需要保证作者创作并提供丰富多样的文化产品，另一方面也要保证社会公众接近文化的机会和条件。因此版权法需要在作者与公共利益之间保持良好的平衡。

应当说，版权法作为作者与公共利益之间的调节器，从版权诞生之时就开始起作用。❷ 然而，公共利益只有在数字网络时代才受到特别的重视。这是因为，数字网络技术使得公共利益最大限度地与使用者重合交叉在一起，冲击着有关著作权的一般观念。正如前文在多处表述中指出的那样，前数字时代的版权法主要是版权人与专业使用者之间的游戏规则，公共利益与多数终端使用者其实都不受该游戏规则的约束，从而没有受到干扰和侵蚀。当多数终端使用者都被裹挟进这个游戏规则，公共利益的存在就受到威胁。这就引起了对这种游戏规则能否适应新的时代的怀疑和反思，并产生了弱化权利及分享利益的构想。❸ 虽然这种构想到目前为止所取得成功是有限的，但它却引起了对著作权制度过分保护权利人的反思，以及修正该趋势而向使用者方面适当

---

❶　[美] 保罗·戈尔斯坦：《国际版权、原则、法律与惯例》，王文娟译，中国劳动社会保障出版社 2003 年版，第 3 页。

❷　冯晓青："论著作权法与公共利益"，载《法学论坛》2004 年第 3 期，第 43~47 页。

❸　梅术文："著作权制度变革趋向的考察——以现代信息技术革命的主要功能为线索"，载《江西社会科学》2005 年第 7 期，第 47~51 页。

倾斜，这是毋庸置疑的。

版权实现以及版权集体管理是版权制度中的一个重要的环节，它不能不感受和回应版权法调整目标和功能所带来的影响。就我国而言，著作权集体管理制度，是著作权法所设定的诸项制度中的重要一环。因此该制度的目的，应当服从著作权法所欲达到的目的及所秉持的宗旨。我国著作权法的宗旨，正如《著作权法》所揭示的那样，是"保护文学、艺术和科学作品作者的著作权，以及与著作权有关的权益，鼓励有益于社会主义精神文明、物质文明建设的作品的创作和传播，促进社会主义文化和科学事业的发展与繁荣"。从这个宗旨出发，著作权法在具体的制度设计上，要充分考虑围绕在著作权周围的各方，能达到大体的利益平衡。这里有涉及内部著作权的平衡，如合作作者之间的平衡、职务作品之作者与单位的平衡，以及委托者与创作者的平衡；更要解决著作权外部的平衡，即权利人与使用者、私人作品与公有领域的和谐。著作权集体管理制度，无疑要服从著作权法确定的基本目的，来实现著作权法平衡各方利益的基本功能。《著作权集体管理条例》在第1条明确该条例的制定是"为了规范著作权集体管理活动，便于著作权人和与著作权有关的权利人（以下简称权利人）行使权利和使用者使用作品"，应当来说正是呼应和贯彻了著作权法的宗旨，有利于实现著作权法的功能。

《著作权集体管理条例》是建立著作权集体管理制度的具体指导规范和准则，条例第1条所确定的也正是该制度的基本目的和所要发挥的功能。因此条例在内容上的具体设计和安排，都力图充分体现这样一种平衡：既便于著作权人行使权利，又便于使用者使用作品。著作权集体管理组织的模式、设立条件、管理权限，许可证的种类形式、许可费的确定，都尽量考虑到权利人和使用者双方的利益要求和操作便利。❶ 因此，可以说著作权集体管理立法，为著作权集体管理组织的设立和活动提供了法律依据，但不是保护神；相反，如果说该法律制度有所偏向，它更多的是偏向使用者。因为在天平的这一边，权利人已有了自己的组织来发出统一的声音，而另一边，相对分散的使用者需要法律在一定程度上予以支撑。

总而言之，在依靠技术创作、复制、传播和存取作品的历史中，技术迅速改变了版权人与使用者的关系；❷ 集体管理组织一直在比较积极地对变化的关系予以反应，并采取适当的策略。迄今为止，集体管理组织所采取的改良方案，无一不是朝着更加接近使用者的方向努力。我们国家相关版权立法已经比较敏锐地捕捉了这个发展趋势，对版权人和使用者有比较均衡的考虑。我们看待集体管理组织的功能、作用和性质，也应该从中间化的趋势着眼。

从中间化的趋势看待集体管理组织，在本书更多指的是从集体管理制度的目标、价值以及策略上，应该对集体管理组织采取中间化的立场，并非指任何集体管理组织都必须走中间化的道路。如前所述，数字网络环境之下对作品创作以及利用，呈现出多样化的态势，单一的权利管理和许可模式，是不可能满足所有的市场需求的；恰是多元管理模式相互竞争并不断整合，提供各

---

❶ 金武卫："《著作权法集体管理条例》主要问题评述"；以及许超："解读《著作权集体管理条例》"，均载《电子知识产权》2005 年第 2 期，第 13 ~ 20 页。

❷ 特雷莎·斯卡萨："利益平衡"，载［加］迈克尔·盖斯特主编：《为了公共利益——加拿大版权法的未来》，李静译，知识产权出版社 2008 年版，第 23 ~ 39 页。

种不同的管理和许可途径，才在权利人与使用者之间达成微妙的平衡；集体管理组织的整体功能，也是在这个过程中日趋中间化。版权法以及版权集体管理政策在这个领域的任务，应当是维护和保持这种多样性和多元化，实现保护作者利益与增长公共福利的和谐发展。

第二节　著作权集体管理组织的布局：竞争和垄断并存

各国对本国内集体管理组织的数量以及集体管理组织间的关系，有着不同的考虑，形成不同的传统。正如 WIPO 在一份文件中强调的那样，一国设立怎样的集体管理组织以及设立多少集体管理组织，由一国的政治经济文化情况决定，国际上并没有定论。但是，纵观国际上各国的经验和现实做法，其关于集体管理组织的数目以及布局，一般认为可以分为两类：美国的自由竞争模式以及德国的垄断模式。两种模式各有特点和优劣，但也存在同样的发展趋势。

一、美国表演权集体管理市场：有限的竞争与不可避免的垄断

与美国惯行的自由竞争精神相一致，美国在集体管理组织的数目及布局上，没有作出法律上的规定，任由市场作出选择。虽然事实上美国的集体管理组织在数目上也极其有限，各自也有着浓重的垄断性，但确有着自由竞争下的一系列特色，因此吸引了

一些后发的国家和地区效仿，如巴西、中国台湾等。

（一）美国模式著作权集体管理的特点与优势

美国模式的著作权集体管理有这样一些特点：（1）政府管制相对较宽松。著作权人对其权利的管理方式有绝对性的发言权，政府对集体管理组织的设立、作品的权利管理范围、集体管理组织与权利人之间授权关系的定性不作严格的限定，对集体管理组织的具体运作，更是绝少干预。集体管理组织以自律为主，政府的直接监督很少。（2）多个组织并存且相互竞争。对于同一类作品或同一类权利的管理，允许两个或两个以上组织存在，它们之间可以展开竞争。如美国，音乐作品方面就有三个集体管理组织，分别是：美国作曲者作者出版者协会（ASCAP）、欧洲戏剧作者作曲者协会（SESAC）、美国音乐广播公司（BMI）。这三个组织在最初成立时，各自管理的音乐作品有所侧重，ASCAP侧重主流音乐，SESAC侧重欧洲音乐作品，BMI侧重乡村音乐、摇滚音乐等。但后来随着音乐市场的变化及竞争的加剧，三个组织都全面拓宽所管理的音乐作品类型，直至包括了所有的音乐形式。它们所管理的权利类型，也主要都集中在表演权与机械复制权上。在巴西，有作曲者联盟、作曲者音乐作者协会、巴西作者作曲者协会和巴西表演权管理协会等几家机构同时管理音乐作品的表演权和机械复制权。在中国台湾，管理与音乐作品有关的权利的集体管理组织，甚至有七家之多，分别是台湾音乐著作权人联合总会（MCAT）、中华音乐著作权仲介协会（MUST）、台湾音乐著作权协会（TMCS）等。

美国模式所具有的优点其实就是自由竞争所可能产生的良好效果。从理论上看其优势主要表现在：（1）开放。任何人，无论是否为著作权人，都可以发起设立著作权集体管理组织，这样的开放性机制有助于实现公平和公正的社会目标。（2）自由。权利人可以自由选择其信任的集体管理组织，充分实现其意志自治。（3）效率。由于竞争的压力，著作权集体管理组织有充分的动力去优化管理，降低管理成本。这不仅对权利人有益，对使用者及社会公众也有利。在这方面，美国 ASCAP 及 BMI 都堪称典范。长期以来，ASCAP 的管理费用一直占总收入的18%～19%，近年来由于优化管理，成本不断下降，2004 年的管理费只占到总收入的 13.5%，是其成立以来历史上最低的一年，在美国乃至世界表演权协会中也是绝无仅有的。❶ ASCAP 以及 BMI 优化管理的重要体现，是它们在网络环境下，特别注重音乐作品数据库的建设，以及网络侵权追踪系统的建立与完善❷。另外，这种集体管理组织之间自由竞争的模式，也与著作权的私权特性相合，突显了对私权的尊重。

（二）美国模式著作权集体管理的不足

上述所分析的优点，主要是从美国经验中总结出来的，类似模式下其他国家或地区的集体管理活动，则更多显示出该模式的不足。（1）加大选择成本。著作权作为私权，以权利人自己行使为基本原则，人们建立集体管理制度的目的，就在于集体管理可以使著作权的行使与管理更为方便、经济；另一方面，只有令使用人觉得通过集体管理机构的工作其可以较与单独的权利人更便捷地获得授权，集体管理机构才可以获得使用人的认可。一国范

---

❶ 叶新："国外著作权集体管理组织概况"，载《出版发行研究》2005 年第 6 期。

❷ http://www.ascap.com/aboutus/history，最后访问时间：20/12/2008.

围内存在多家著作权集体管理组织，不仅权利人要费更多的选择成本来决定自己加入哪家集体管理组织，使用人也将为获取多头许可而增加烦恼。这种情况下，集体管理的优势就会被抵消。（2）加大管理成本。自由竞争下，各集体管理组织可能难以形成必要的规模，使得管理的成本所占比重过大，中国台湾的情况就是如此。目前台湾音乐著作权人联合总会（MCAT）共有会员193人，中华音乐著作权仲介协会（MUST）共有会员800人，台湾音乐著作权协会（TMCS）共有会员52人，录音著作权人协会（ARCO）仅有会员40人，中华有声出版录音著作权管理协会（RPAT）有会员53人，中华视听著作权仲介协会（AMCO）有会员26人，中华视听著作传播事业协会（VAST）有会员35人。❶组织规模过小，而运行集体管理组织的成本却不能以同样的比例缩小，这样管理成本在总收入中的比重将大大超过正常比例，势必减少权利人的应得收益。美国ASCAP于1914年成立后，因为初期运营成本过大，一直未能对会员进行分配许可费，迟至7年之后才开始分发许可费，而当时，它是美国唯一一家著作权集体管理组织，它的竞争对手，要在25年后才出现。

自由竞争也常常导致恶性竞争。比如，为拉拢权利人加入组织，集体管理组织也会采取各种措施，游说竞争对手的会员大批退会加入自己的组织。这种情况曾经出现在中国台湾的集体管理组织MUST与MCAT之间，令MUST在CISAC亚洲太平洋委员会

❶ 除MUST的会员数来自其官方网站（www.must.org.tw，最后访问时间：12/20/2008）外，其他数字引自刘镇玮："两岸音乐著作权集体管理制度比较"，载张楚主编：《知识产权前沿报告（第一卷）》，中国检察出版社2007年版。

2001 年台湾会议上大倒苦水，并申请该委员会拒绝接收 MCAT 为 CISAC 会员。❶ 为在市场中占据一席之地，集体管理组织也会展开价格大战，压低作品使用费，这势必会使其收入大幅度减少，损害权利人的收益。其他种种虚假诉讼等不正当竞争手段，不仅使集体管理组织深受其累，抵消其应有优势，还会败坏集体管理制度的声名，失去权利人信任，不为使用人所重视。

（三）美国模式下著作权集体管理机构的相互竞争极其有限

在这个模式中，美国似乎是成功的典范。但是，为什么迄今为止在表演权领域只有两家或三家著作权集体管理组织？❷ 美国对集体管理组织的数目未作任何限制，理论上允许大量的集体管理组织同时存在。事实上，它们自有著作权集体管理组织以来，一直保持这样一种极其有限的竞争状态。其中的缘由，是音乐表演权的特质：音乐作品数量庞大，利用者成天文数字，然而单人单次使用的许可费微乎其微；因此对权利人和使用者来说，建立能够包括尽可能多的作品的权利集中许可中心，是最为低成本高效益的方式。只有在市场主体为数不多时，各主体才能保持一个尽可能大的、对使用者有吸引力的曲目库。因此可以说，美国音乐表演权领域一直没有形成完全的竞争，这是市场根据集体管理的特性而自动作出的选择。换言之，虽则美国等国家的法律允许集体管理组织自由竞争，市场却维护了集体管理组织相当的垄断

---

❶ CISAC 亚洲太平洋委员会 2001 年台湾会议记录，http：//www. cisac. org/document/cap/01/802，最后访问时间：12/20/2008.

❷ 美国音乐表演权领域现有三家集体管理组织：ASCAP、BMI 以及 SESAC，后者由于规模很小，又采取商业公司的运营方式，其影响力与前两者相差甚远。因此人们也经常在相关话题中对之予以省略。

性地位。

另一方面，多个集体管理组织在特定领域形成竞争，能产生多大的效果，也有可疑之处。垄断与竞争，要在一个给定的相关市场里进行评估，集体管理组织尤其如此。集体管理组织在两个不同的市场里作为服务提供者来活动：首先，它们为权利人提供管理权利的服务，这构成了第一个市场，即管理市场；其次，这第一个市场事先推测了另一个市场的存在，即集体协会许可权利给使用人的市场。两个市场紧密相连，而且应该被看做是垂直关系。集体管理服务是上游市场，许可服务是下游市场。❶ 特定领域里存在多个集体管理组织，所产生的竞争效果，只对集体管理服务即上游市场有益；对下游许可市场的使用者来说，这样的竞争并没有降低使用者的成本，反而可能加大了使用者的负担。从商业使用者的角度看，各集体管理组织的曲目不会被对手代替，每个集体管理组织实际上各占据市场优势地位。而商业使用者往往希望能够获得全部的曲目，这就需要向所有的集体管理组织申请许可。以美国为例，由于 ASCAP 与 BMI 在曲目组成和权利构成上各有侧重，大部分公开表演权的使用者都同时从 ASCAP 和 BMI 那里获得许可。对使用者来说，只要 ASCAP 与 BMI 采取同样的许可方式，运用一揽子许可协议对音乐作品进行许可，使用者依然无法找到替代许可方式，使用者仍旧受市场垄断势力的困扰。这也是美国司法部对 ASCAP 及 BMI 统一展开反垄断调查和限制的一部分原因。日本曾在 2001 年颁布新的著作权集体管理法——《著作权与邻接权管理事务法》，不再对集体管理组织管

---

　❶　Josef Drexl, Collecting Societies and Competition Law, in: *Collective Administration of Copyright and Neighbouring Rights*（MPI Book Project）.

理的对象、权利范围作出限制，从而在法律上使著作权集体管理行业由封闭垄断转为开放竞争。此法颁布后一年内，日本国内登记在册的著作权集体管理组织多达 28 个❶。然而，该法施行不到 3 年，日本的使用者呼吁对这部法律再次进行修改，要求在表演权与复制权领域，把多家并存的集体管理组织者整合成一个组织，方便使用者对相关作品的利用。❷ 这或可以从一个侧面反映表演权集体管理组织之间的竞争对使用者造成的不利。

总之，美国两家集体管理组织之间，在管理权利的市场构成竞争，这是有利于版权人的；然而这种竞争没有延续到许可市场，使用者从集体管理组织的竞争中没有得到实在的利益。因此，美国著作权集体管理市场的竞争是有限的。之所以如此，还在于音乐作品特殊的使用方式，以及市场对集体管理组织垄断性的需求（即所谓自然垄断，参见第四章）。这也反过来说明，美国版权清算中心（CCC）创造的个别化许可模式，不能推翻表演权集体管理组织带有垄断色彩的一揽子许可模式。

二、德国著作权集体管理的布局：垄断局势下的竞争

虽然著作权集体管理制度发端于法国，但德国集体管理制度的完善却是后来居上，备受瞩目。德国最早成立的著作权集体管理组织（1903 年成立）是音乐作品表演权集体管理协会（GE-

---

❶ 甄西："日本著作权管理行业引进竞争机制"，载《中国版权》，2003 年第 3 期，第 43～44 页。

❷ Prof. Koji Okumura, Collective Management of Copyright and Neighboring Rights in Japan, in：Daniel Gervais（ed.）, *Collective Management of Copyright and Related Rights*, Kluwer Law International, 2006, p. 360.

MA）。除此之外，还有文字作品著作权协会（WORT）、邻接权利用协会（GVL）、音乐版本协会、图形艺术作品协会、卫星著作权协会。在涉及电影与电视作品时，还存在许多相关的著作权集体管理组织，包括电影与电视作品财产权有限责任公司、图形艺术作品协会（第三部门）、电影作品使用权有限责任公司、电影权与电视权保障协会、电影表演权承接与实施保障有限责任公司❶。可以看出，除了电影作品领域之外，其他领域都是根据作品类型由一个著作权集体管理组织来行使和管理本领域的著作权。1997 年成立的卫星著作权协会，则是根据作品的使用及传播方式来设立的，以应对卫星传播技术对著作权行使的影响。

世界上采用了著作权集体管理制度的国家和地区中，较多采取了与德国类似的模式，即将集体管理事务交给多家集体管理组织，但每一种特定类型的著作权都只由单一的机构管理，也就是各著作权集体管理组织之间在业务上不存在交叉和重复。英国、澳大利亚、法国、墨西哥、日本、北欧的芬兰、瑞典等国家都采取此种模式。

（一）德国模式著作权集体管理的特点与优势

以德国为典型的这种模式一般具有如下特点：（1）集体管理组织事实上处于垄断地位。因为特定领域只有一家著作权集体管理组织，该组织就具有无法否认的垄断地位。而如果该组织与相

---

❶ ［德］M. 雷炳德：《著作权法》，第 557～560 页；对德国各著作权集体管理组织的中译名，不同作者的译法有所差异，见高思译，"1995 年德国著作权集体管理协会简况"，载《著作权》1997 年第 2 期。罗莉："评德国的版权补偿费制度及其改革"，载张玉敏主编：《中国欧盟知识产权法比较研究》，法律出版社 2005 年版，第 85～108 页。

应的外国集体管理组织签订了相互代表协议，其垄断性就不仅是一国范围内的，更是构成一种世界性垄断的地位。（2）国家干预较多，这是与集体管理组织的垄断地位紧密相连的。与美国模式相比，德国政府行政部门对集体管理组织的干预不仅多而且深入。如在集体管理组织的设立上，多数规定必须由特定的政府部门审查或审批。例如法国《知识产权法典》第 L. 122~10 条规定，作品的静电复制权集体管理组织不仅要符合法律为一般的报酬收取与分配协会设定的条件，还需经由文化部长审批。第 L. 321~3 条规定，一般的集体管理组织（法国法律称其为报酬收取与分配协会）成立后，需报送章程草案及总规则给文化部长，部长如果有真实严重的理由反对该集体管理组织成立的，可以向大审院起诉❶。德国《著作权实施保障法》第 18 条规定，设立集体管理组织应当取得由德国专利商标局征得联邦卡特尔局的同意后颁发的许可证。另外，在集体管理组织的具体管理活动中，也多有政府行政部门监督之处。

这种模式的优势在于：（1）集中规模优势，有效周延地保护著作权人的权益。在著作权领域，集体管理相较个人管理，其优势是不言而喻的。集体管理组织把单个权利人的权利集中起来，以大致固定的模式予以行使及管理，使单个权利人不能或不便行使的权利得到实现。集体管理组织在特定领域的垄断性，无疑加强了这一优势，会使其功能得到更好的发挥。（2）方便使用人获取授权。此种模式下，作品的使用者无须找出作者是何人、作者的地址在哪里，也不必与作者本人进行任何的书面往来，而仅仅

---

❶ 《法国知识产权法典》（法律部分），黄晖译，商务印书馆 1998 年版，第 47~51 页。

需要从众所周知的著作权集体管理组织那里获得相应的许可就可以了。这样，作品使用人会因此节约大量的管理费用和缔约成本。使用人也会从此便利节约中受到鼓励，以合法地大量使用作品，这也是权利人愿意看到的结果。

（二）德国模式著作权集体管理的不足

但这种一个领域只存一家集体管理组织的模式，也被批评会有如下缺点：（1）权利人无选择自由。自由在现代社会为世人所倚重，已经不容置疑。德国模式中集体管理组织强烈的垄断性，使得著作权人和作品使用人都失去了选择集体管理组织的自由，这一点令人疑虑万分。自由选择行使及管理权利的方式，乃是著作人作为私权主体应有的权利，集体管理组织凭借什么在事实上予以剥夺？这正是反对特定领域由一家集体管理组织独断的人们重点指责之处，也是支持者所不能充分回应的部分。另一方面，权利人与使用人的选择自由会施加给集体管理组织强大的压力，促使其积极为其成员谋利益。有论者认为，集体管理组织之间的竞争即便是一种浪费，那也是著作权人或使用人自愿的选择，也是保持著作权集体管理效率和公正的必要成本。❶（2）集体管理组织易滥用垄断优势，如对会员权利的不合理的限制、歧视待遇、强迫接受一揽子许可，怠于履行职责，等等。就限制会员权利而言，这易发生在会员加入或退出集体管理组织的环节。如，我国现有著作权集体管理组织在与会员签订入会合同时，要求会员将现有作品及未来作品都授权该组织管理。另外，集体管理组织要求会员签署长期许可协议，设置很长的退会通知期，限制向

---

❶ 代水平：《著作权集体管理及其模式研究》，西北大学 2006 年硕士学位论文，第 36 页。

退会的会员发放许可费，要求在退会后一段时间里继续授权，对转会会员实行财产上的惩罚等，都是对会员权利的限制和损害。德国最有影响的集体管理组织 GEMA 就曾因为谋求最短三年的授权期加一年的退会等待期，被欧洲委员会认为滥用市场优势。❶

（三）德国著作权集体管理模式的发展

德国的模式也并非一成不变。电影版权领域就打破一个领域一家集体管理组织的常规，目前有六家集体管理组织在管理与电影作品有关的权利。其中 VFF 主要对广播电视组织者自行或者委托摄制的影片上所产生的各项权利实施保障，VGF 与 GWFF 主要管理德国与外国合拍电影的有关权利，GUEFA 主要为色情电影的各项权利提供服务。另外，德国集体管理组织的设立基础，也由作品的形式转移到作品的利用方式。德国现有的著作权集体管理组织，主要是以作品形式作为管辖的基础。如 GEMA 主要管理音乐作品上的权利，WORT 管理文字作品上的权利，VGL 管理邻接权，VG Mucikedition 管理音乐版本上的著作权，VG Buld-kunst 主要管理图形艺术作品上的权利。但是，1997 年成立的集体管理组织 VG Satelit（卫星著作权协会），却主要是依据作品传播利用方式为基础设立的，负责收取有线电视网络所产生的各项报酬。❷这应当说是著作权集体管理机制对新的传播方式的积极回应。

可以看出，德国集体管理组织的布局也在发生变化，在整体垄断的格局下出现了开放式的竞争。然而这种竞争为什么出现在电影版权领域，也是值得思考的。与音乐作品不同，影片的绝对

---

❶ 崔国斌："著作权集体管理组织的反垄断控制"，载《清华法学》，2005 年第 1 期，第 110～138 页。

❷ 雷炳德：《著作权法》，第 559 页。

数量很少。而且不同的影片在制作成本上有很大的差别，有的耗资巨大，也有的成本低廉。同时影片的观众数量可以很大，但是影片的利用者如播放、复制或改编影片的人却很少。因此利用人通常可以直接与电影的版权人进行交涉。权利人如果组成规模比较小的集体管理组织，与个别交涉许可相比，使用者也不会受到过多的困扰。

三、我国著作权集体管理组织的布局以及相关的改良方案

（一）我国立法对著作权集体管理组织布局的规定

我国《著作权集体管理条例》第七条规定了设立著作权集体管理组织的条件。该条规定："依法享有著作权或者与著作权有关的权利的中国公民、法人或者其他组织，可以发起设立著作权集体管理组织。设立著作权集体管理组织，应当具备下列条件：（1）发起设立著作权集体管理组织的权利人不少于 50 人；（2）不与已经依法登记的著作权集体管理组织的业务范围交叉、重合；（3）能在全国范围代表相关权利人的利益；（4）有著作权集体管理组织的章程草案、使用费收取标准草案和向权利人转付使用费的办法（以下简称使用费转付办法）草案。"其中第二款第二、第三项即是对我国著作权集体管理组织布局结构的设计。

根据该规定，新设立的著作权集体管理组织必须"不与已经依法登记的著作权集体管理组织的业务范围交叉、重合""能在全国范围代表相关权利人的利益"。我国成立于 1992 年的著作权集体管理组织——中国音乐著作权协会，主要管理音乐作品的表演权、广播权和录制发行权，其会员主要是词、曲作者和部分音像制作者和创作团体。中国音像著作权协会于 2005 经国家版权

局批准成立，2008 年 3 月获准在民政部门成功登记❶，主要管理音像制品上的著作权。中国文字著作权协会、中国摄影著作权协会、中国电影著作权协会也先后成立，分别管理文字作品、摄影作品及电影作品的权利。这些著作权集体管理组织都是按照作品类别设立的、全国性的集体管理组织。显然，《著作权集体管理条例》第七条第二款第二项设定的条件，实际上通过法律的形式赋予了上述各家集体管理组织法律上的垄断地位。在目前情况下，新设立的著作权集体管理组织要符合《条例》第七条第二款第二、第三项的规定，不与上述各家集体管理组织的业务范围交叉、重合，那么也只能按照作品类别来设立。可见，《条例》第七条实际上规定了我国著作权集体管理组织设立的原则——按照作品类别分类设立全国性的、垄断的集体管理组织，大体上采取的是与德国、法国等国家相似的模式。

（二）对著作权集体管理组织现有布局状况的质疑及改良

对于《著作权集体管理条例》的这项规定，批评者认为这是以行政许可限制其他类型集体权利管理组织的设立，既没有上位法的根据，也没有实际意义❷。因此应当完全放开限制，让多家管理组织自由竞争，优胜劣汰，由市场这个无形之手去调节。这种观点认为：既然著作权集体管理组织是一种经济组织，欲发挥经济组织的作用，应当允许建立独立自主、竞争性和营利性的著作权集体管理机构。当然，当事人也可以建立非营利性的集体管理机构。我国《著作权法》第八条对著作权集体管理组织性质的

---

❶ http：//www. cavca. org/inform. asp，最后访问时间：20/12/2008.

❷ 崔国斌："著作权集体管理组织的反垄断限制"，载《清华法学》，2005 年第 1 期，第 110～138 页。

强行定位，颇值得商榷。集体管理机构的独立自主性应当保证，国务院集体管理部门可以做宏观指导，但不能干预集体管理组织的业务。相同种类的作品可以设立多个著作权集体管理组织，竞争性而非垄断性的集体管理组织更有利于著作权人和使用人权益的维护。

对著作权集体管理组织相互竞争给使用人带来的不便，这种观点给出了自己的解决方案：立法上可以借助登记制度来解决。著作权集体管理组织和它们管理的作品都应当向统一的机构进行登记，登记机构将登记的信息整理，并公布在法定的刊物和指定的网络上，供著作权人和使用人免费查询，他们根据公布的信息便可以非常轻松地获得许可。❶

然而反对者认为，建立众多的著作权集体管理机构，设立和管理成本显然过于巨大。如果设立一个集体管理组织，则没有这个问题；在对外关系上，分散的集体管理组织的权威性和效率难以得到有效的体现，这对集体管理组织实现著作权人的利益是极为不利的。传播媒介团体和使用者数量众多且技术发达，权利人只有建立全国统一的综合型的著作权集体管理组织，才能在谈判或诉讼方面更具有权威性和代表性。在对内关系上，分散的著作权集体管理组织难以整合不同类型作品权利间的关系。因此，应当统筹全体，整合改造现有著作权集体管理组织，设立一个以音乐著作权为主要业务的统一、综合的著作权集体管理组织。❷

---

❶ 卢海君："论市场导向的著作权集体管理"，载《电子知识产权》2007年第3期，第19～23页。

❷ 蒋万来："论我国著作权集体管理制度的完善"，载《电子知识产权》2003年第11期，第15～18页。

这种方案在理论上对权利人和使用者来说都极为方便，但是如何有效地对高度集中的综合性集体管理组织进行垄断规制，更是难以解决。因此也有人提出一个折中的方案：特定业务范围内允许一定数量的集体管理组织进入。

这种方案试图避免上述两种方式的弊端，而求一个比较不偏不倚的状态。立法上明确要求集体管理组织之间业务不得交叉重叠，刻意维持垄断，会带来诸多弊端；而完全放开限制，任由集体管理组织间竞争，则会出现一哄而上的局面并造成集体管理组织难以经营的状况。如果在特定的领域范围内允许一定数量的集体管理组织进入（如允许最多三家集体管理组织参与音乐作品权利管理），上面两种情况都会得到避免。由于不是独家管理，相互之间存在竞争，可以避免垄断；而数量上的限制，又可以避免集体管理组织间的无序恶性竞争，保持集体管理组织实行管理所必需的垄断。我国电信市场中国联通公司和中国移动公司的相互竞争、相互促进的关系，为这个思路提供了相当多的启示。❶

四、解决著作权集体管理组织布局问题的着眼点

从表演权集体管理组织产生和发展的历程来看，集体权利管理市场的竞争与垄断相融的局势，是历史的经验，也是市场的选择。第一代集体管理组织诞生的时候，作者的经济地位还比较低，在整个社会中属于弱势群体，集体管理组织作为作者及其他权利人的代表而出现，可以说是历史的选择，具有必然性。❷ 在其后的发展过

---

❶ 代水平：《著作权集体管理及其模式研究》，西北大学 2006 年硕士学位论文，第 48～52 页。

❷ 详见本书第二章。

程中，集体管理组织在为权利人争取和保护权利上作出了不懈的努力，赢得了大部分权利人的信任，也逐渐成就了其巨大的影响力和优越的谈判地位。集体管理组织在不同的国家和不同的时期，都对立法和司法活动有过影响，获得了立法、司法乃至相关行政部门的支持。但是从总体而言，无论是美国、英国，还是德国、法国，都没有明确在法律上赋予集体管理组织垄断地位。❶ 集体管理组织获得的垄断地位，可以说是历史的积累。另外，集体管理组织的垄断性，也是市场的选择。集体管理组织提供的一揽子许可，其最大的益处，是降低巨额交易成本。这几乎已经成为陈词滥调，然而从市场和经济的角度看这种益处不容置疑。正如波斯纳所分析的那样："通过消除由著作权人直接许可使用音乐作品而涉及的巨额交易成本，一揽子许可为用户提供了更有吸引力的产品，因为其价格低于竞争性许可所给与的价格。这是说明限制竞争如何能够实际提高经济福利的一个例子。"❷

就竞争部分而言，竞争本身就是市场的要素。只要特定领域竞争切实可行，而且法律对自由竞争没有作出限制，市场一定会选择竞争。比如，美国广播音乐公司（BMI）的成立目的，就是要与 ASCAP 在音乐许可市场形成竞争，降低音乐许可的价格。德国电影版权领域多家集体管理组织并存，也是由于该领域适合多头许可，市场主体自发选择了这样的局面。如本书第六章所析，

---

❶　但是，也有少数国家比如奥地利即颁布法令明确了集体管理组织的垄断地位。Josef Drexl, Collecting Societies and Competition Law. in：*Collective Administration of Copyright and Neighbouring Rights*（MPI Book Project）.

❷　［美］威廉·M. 兰德斯，理查德·A. 波斯纳：《知识产权法的经济结构》，金海军译，北京大学出版社 2005 年版，第 489 页。

从著作权集体管理近 200 年来发展的路程来看，集体管理组织的多元化以及集体许可的多样化，是未来发展的基本趋势。数字时代新的版权市场也将造就更多的集体管理和许可模式。因此，像我国法律这样强调集体管理组织"能在全国范围代表相关权利人的利益"，并且"不与已经依法登记的著作权集体管理组织的业务范围交叉、重合"，无疑会对市场的选择以及创新造成阻滞。我们急需一个自由开放的市场，能够涵养多样的管理模式和形态，以满足多元使用需求。

然而，在版权制度后发国家，历史进程以数十倍于以往的速度在前进，是否还容许市场以十年磨一剑的功夫实现自我调整，这确实令人深思。我国台湾地区一开始也抱着美好的想法，在著作权集体管理领域不作限制，但目前的结果是竞争呈现无序状态，虽名义上同时存在七家音乐表演权集体管理组织，却没有一个组织可以真正获得足够广泛的代表。这种情况已经引起各方的忧虑，《著作权仲介条例》修正草案，也有提高设立门槛、限缩集体管理组织数目的考虑。在巴西，音乐作品公开表演权集体管理组织多头的现象造成整个集体管理活动的无组织状态，促使政府和业界组建一个全国著作权理事会予以协调，最终在该理事会的基础上成立了版税征收与分配中心局作为权威的集体管理组织。❶ 上文曾提到，日本在开放著作权集体管理许可市场之后，使用者也反映多头许可带来不便。

---

❶　V. 圣地亚哥，"拉丁美洲的表演者集体管理实体——具体经验"，载《伊比利亚美洲知识产权大会备忘录》，马德里，1991 年，第 1041 页。转引自德里娅·利普希克：《著作权与邻接权》，中国对外翻译出版社、联合国教科文组织 2000 年版，第 338 页。

因此，如何在保持竞争的同时使这种竞争不至于损害集体管理组织的基本功能，应当是我国立法和实践重点要考虑的问题。就我国的著作权集体管理组织的布局而言，完全放开的自由竞争骤难实行。正如前文在分析美国模式时指出的，美国集体管理组织今天的状况，是在长期的历史进程中由市场自我调整而逐渐形成的。我们今天处在一个高速运转的阶段，变化了的历史情境不容许我们去长期等待市场的调整；完全放开、不予任何限制的竞争，恐怕很快就会毁坏整个集体管理制度。在如何规定"竞争的限度"这个问题上，上文提到的第三种主张值得思考：允许特定的领域一定数量的集体管理组织进入。这种方案中，由于特定领域的集体管理组织不止一家，相互之间的竞争能够促使各方不断完善管理理念与技巧；而数量上的限制，又能维持各集体管理组织必要的垄断。当然，如何将"必要的垄断与合理的竞争"实现在立法技术上，还有待更加谨慎细致的研究。

第三节　集体管理组织获得授权的方式：多样化

集体管理组织之所以能够对著作权实行管理，其主要的根据在于著作权人的授权，这是著作权集体管理的基本原理。集体管理组织获得授权的方式，不仅对集体管理组织的法律地位有影响，对于其垄断力量的形成也有重要的作用。因此各国对集体管理组织获得授权的方式，都非常重视。但是，著作权权利人采取怎样的法律方式，实施为集体管理组织所需要的授权，却还是一个没有定论的问题。

一、各国实践中的选择

非专有许可。这主要是美国和英国的做法，其中以美国 AS-CAP 以及 BMI 的实际操作最为典型。美国作曲者作者出版者协会（ASCAP）章程第五条规定：会员应以协会董事会同意的方式，转让自己的权利，以授权协会在非专有基础上许可会员的非戏剧作品的公开表演权。这种转让不能限制、约束或干扰任何会员对音乐使用者就公共表演权发放非专有许可的权利。❶ 美国广播公司（BMI）在会员入会格式合同的第四条，对会员的授权作出了规定：会员应当将以下权利转让给 BMI：（a）表演权——所拥有的或获得的全部表演的权利，或许可他人表演作品的任何部分的权利，此表演可以在世界的任何部分任何位置，以任何及全部已知的及将来可能出现的媒体。（b）非排他的录制以及许可他人录制的权利，包括将任何作品的部分或全部录制在电磁介质、电缆、磁带、胶片或者其他载体上，但仅限于为了通过电台或电视台等方式公开表演作品、存档或面试目的而进行的录制。此权利不包括为了发行而录制，或为了同步化而录制：（1）为戏剧展会的动画同步配音而录制；（2）为那些通过广播电台、有线电视系统或其他类似发布渠道进行联合发行的节目同步配音而进行的录制。（c）非专有的、为表演目的而进行的编辑或安排（adapt or arrange）作品的权利，以及许可他人编辑或安排的权利。第 15 条规定：会员授权 BMI 及其委派的人成为会员不可撤销的、真正

---

❶ http：//www.ascap.com/reference/articles.pdf，最后访问时间：12/20/2008.

的、法律上的代理人，BMI 可以以 BMI 的名义、委派的人的名义或会员的名义，在会员授予的权利遭到侵犯时，采取一切措施。❶后来成立的复制权集体管理组织 CCC 也采取了非专有许可方式从权利人处获得授权；并且在一揽子许可之外，提供现实可行的由权利人与使用者直接达成个别许可的途径。

正如本书第四章所分析的那样，美国两家主要的表演权集体管理组织，之所以在与权利人的合同当中明确标明所获授的是非专有的权利，与他们受到美国司法部的反垄断调查以及所谓的和解协议的限制有着直接的关联。美国司法部认为，只有提供个别许可可能，使权利人之间形成真正的竞争，才可以减弱表演权集中许可所带来的垄断问题。CCC 在成立之初主动采取非专有许可方式获得复制权，也是受到了前二者与司法部的垄断反垄断之战的影响。因此可以说，非专有许可是美国反垄断策略中非常重要的一个环节。

信托。信托是指委托人基于对受托人的信任，将其财产委托给受托人，由受托人按委托人的意愿以自己的名义，为受益人的利益或者特定目的，进行管理或者处分的行为。❷ 作者权法系的许多国家都采取信托的方式，作为集体管理组织管理权利人权利的依据。德国法律没有明确对集体管理合同的类型作出规定，但认为："这种合同含有某些法定的合同类型的某些要素。它们被司法判例看做属于著作权法上作品使用合同的特殊类型，它包含

---

❶ "作者会员入会合同 2005 年版"，http：//www. bmi. com/joinus/，最后访问时间：12/20/2008.

❷ 参见我国《信托法》第 2 条。

了委托合同、合伙合同、服务合同和经营管理合同的某些要素。"❶ 简而言之，集体管理合同是兼具多种合同特征的、特殊的作品使用合同。从实践上看，就著作权人授权的内容而言，"著作权以及邻接权的持有人将排他性的使用权、同意权以及各种报酬请求权许可给著作权集体管理组织并且委托它以信托的方式对这些权利实施保障。" 在此前提下，集体管理组织可以授权使用者利用有关作品，也可以禁止未经许可的使用行为；未经该集体管理组织许可，著作权人包括作者本人也不能使用作品。集体管理合同终止后，相关的权利回归作者等著作权人手中。❷

代理。代理作为著作权集体管理组织的一种权利管理基础，由最早的表演权集体管理组织 SACD 创立。SACD 对戏剧作品的表演权许可，制定一个总的协定，适用于所有的权利人和使用者。在此基础上，SACD 必须就每次授权征询作者意见。作者可以对演出的时机、演员和导演的水平和能力作出自己的判断，可以参加排练，可以修改剧本，这些都在作者与剧团签订有确定时限和时间的专有合同中予以规定❸。当然，这是由戏剧作品的性质决定的，戏剧作品的数量比音乐的要少得多，而且多数在剧院等大型场所演出，并且使用者——演出团体也比较有限；因此作者与使用者之间的直接谈判是可行的，非授权的使用也是比较容易得到控制的。

---

❶ 雷炳德：《著作权法》，第 465 页。

❷ 雷炳德：《著作权法》，第 465 页。

❸ ［法］雅克. 蓬贡班，"戏剧作品和音乐戏剧作品的集体管理"，载国家版权局编：《著作权的管理和行使论文集》，上海译文出版社 1995 年版，第 239 页。

　　日本则在 2001 年施行的《著作权管理事务法》中，规定开展著作权管理事务必备的"管理委托合同"的类型，除信托合同外还可以是代理合同，在此合同中委托人授权受托人作为代理人来许可对其作品的利用或进行其他著作权管理。在这里，信托与代理的区别在于，前者有权利的转移——自权利人处转移到著作权管理事务者处，后者没有权利的转移。❶ 从实务来看，日本复制权中心（JRRC）由四家协会组成，其会员协会获得授权的情况，就包含了信托和代理两种。经由信托合同获得授权的是日本学术机构著作权结算协会（JAACC），其他三家——日本作者组织联盟（FAO）、出版者著作权协会（CCP）和新闻出版者著作权协会（CCNP），都通过著作权人授权其作为代理人来进行著作权许可及其他管理。这四家协会又分别委托复制权中心（JRRC）作为代理人来进行相关著作权的管理。❷

二、我国法律规定及实践

　　我国 1990 年颁布的《著作权法》未涉及著作权集体管理；1991 年颁布的《著作权法实施条例》有两处提到著作权集体管理，一是第七条列举国家版权局的职责时，提到"批准设立集体管理机构并监督指导其工作"是版权局的职责之一；二是第五十四条，规定著作权人可以通过集体管理的方式行使其著作权；其他方面的规定付之阙如。1992 年中国音乐著作权协会成立之初，采取了与著作权人签订"音乐著作权转让合同"的方式对有关音

---

❶　《日本著作权与邻接权管理事务法》（英文版），http://www.cric.or.jp/cric_e/clj/clj.html，最后访问时间：12/20/2008.

❷　www.jrrc.or.jp/eng/index.html，最后访问时间：12/20/2008.

乐作品的著作权进行管理。合同规定：甲方（音乐作品的著作权人）同意将享有著作权的音乐作品之公开表演权、广播权和录制发行权在本合同固定的条件下转让给乙方（中国音乐著作权协会）；乙方保证甲方转让的音乐著作权得到尽可能有效的管理……合同有效期为甲方所享著作权的受保护期。❶

由于理论界对音乐著作权协会采用转让方式管理著作权存在争议，音乐著作权协会在实际工作中也遇到困难，最后不得不将此问题提请最高人民法院解答。最高人民法院在编号为"法民（1993）35"的复函中指出："音乐著作权协会与音乐著作权人（会员）根据法律规定可就音乐作品的某些权利的管理通过合同方式建立平等主体之间带有信托性质的民事法律关系……根据《民法通则》、《著作权法》、《民事诉讼法》以及双方订立的合同，音乐著作权人将其音乐作品的部分权利委托音乐著作权协会管理后，音乐著作权协会可以以自己的名义对音乐著作权人委托的权利进行管理，发生纠纷时，根据合同在委托权限范围内有权以自己的名义提起诉讼。"音乐著作权协会根据该复函对与著作权人签订的合同进行了修改，规定著作权人应当将其作品的公开表演权、广播权和录制发行权授权音乐著作权协会以信托的方式进行管理，遇有侵权时，音乐著作权协会可以以自己的名义向侵权者提起诉讼。此后，音乐著作权协会以著作权人的信托授权为依据，提起针对侵权人的诉讼，获得了成功。

2001 年修订的《著作权法》在第八条的规定中对上述实践予以法律化：著作权人和与著作权有关的权利人可以授权著作权集

---

❶ 佟姝、姜庶伟："著作权集体管理组织起诉民事案件审理情况现状及其发展趋势"，载《著作权集体管理研讨会论文》2005 年 11 月。

体管理组织行使著作权或者与著作权有关的权利。著作权集体管理组织被授权后，可以以自己的名义为著作权人和与著作权有关的权利人主张权利，并可以作为当事人进行涉及著作权或者与著作权有关的权利的诉讼、仲裁活动。2004 年公布的《著作权集体管理条例》在第二条作出了类似的规定：本条例所称著作权集体管理，是指著作权集体管理组织经权利人授权，集中行使权利人的有关权利并以自己的名义进行的下列活动：（一）……（四）进行涉及著作权或者与著作权有关的权利的诉讼、仲裁等。第二十条进一步规定：权利人与著作权集体管理组织订立著作权集体管理合同后，不得在合同约定期限内自己行使或者许可他人行使合同约定的由著作权集体管理组织行使的权利。

以上两处法律规定，引人注目处在于它们规定集体管理组织可以"以自己的名义""作为当事人"主张有关权利。这样，集体管理组织就其会员授予的著作权向作品使用人发放许可、收取报酬以至进行相关的诉讼、仲裁活动时，不必使用权利人的名义，而是以自己为当事人。换言之，集体管理组织被视为权利人。如此看来，在集体管理活动中，在权利人与集体管理组织之间，授权合同导致了权利的转移。根据《合同法》及《信托法》，转让合同与信托合同才会产生权利的转移，并导致权利人的变更；另外，根据专有许可的含义，其实质上是在特定期限内将著作权之一部分或全部转移给被许可人。但是学界一般选择以信托理论解释集体管理合同关系。

人们将著作权人对集体管理组织的授权合同定性为信托合同，主要是因为信托制度的基本特征能够适应著作权集体管理的基本要求：首先，信托制度的免责性能够弥补著作权人行使权利上的不可能性。所谓免责性是指委托人一旦将信托财产置于受托人名义之下，就可免除其对信托财产的管理职责，而由受托人负责对信托财产的管理。在著作权中，当作者面对作品被广泛、零散使用而无力进行控制时，将其著作权以信托形式转移给集体管理组织，著作权人一方面可以免除自己行使权利之责，另一方面使自己权利的实现成为可能。其次，信托制度的降低交易成本性弥补了个人行使权利在经济上不利的缺陷。信托关系一旦确立，受托人就信托财产取得名义上的所有权，受托人可以以自己的名义进行一系列活动，无须就每次行动分别接受委托人的授权或以委托人名义从事有关业务，这就大大降低了交易成本，实现委托人最大限度的利益。❶

将权利人对集体管理组织的授权合同定性为信托合同，确立了集体管理组织在管理活动中的地位。在信托合同之下，集体管理组织没有争议地获得了"权利人"的地位，可以在集体管理活动中以集体管理组织自己的名义发放许可、收取报酬。更重要的是，根据信托合同，管理组织可以以自己的名义参加仲裁、诉讼活动，这一点对集体管理组织是非常重要的。正所谓"无救济即无权利"，对集体管理组织来说，如果其从权利人处获得的种种权利，没有这一诉讼权予以最后的保障，则其行使各种权利的效力会大打折扣。对处于开拓期的中国音乐著作权协会来说，能够以自己的名义提起侵权之诉，是其发展业务的一柄尚方宝剑。事实上，以侵权之诉唤醒社会尊重著作权的意识，维护著作权人的利益，加大集体管理组织的权威，也是世界各国集体管理组织的惯常做法。

---

❶ 翟瑞卿："著作权集体管理的法律关系分析"，载《法律适用》2003 年第 1 期，第 121～123 页。

但是，是否就应因此将著作权人对集体管理组织的授权合同限定为信托合同而排除其他可能？从目前学界的讨论看，都一再地限缩对《著作权法》第八条及《著作权法实施条例》第二条的解释，将此类合同限定在信托合同；从音乐著作权协会针对侵犯其所管理作品的著作权提起的诉讼看，音乐著作权协会与其会员的合同也多是信托性质的合同。不过，在实际管理活动中，音乐著作权协会与其会员的合同，并不限于信托合同，也存在"根据合同代理他人著作权"的情况❶，音乐著作权人将部分著作权转让给音乐著作权协会的情形，也一直存在。出于争取更大市场份额的考虑，音乐著作权协会以及音像著作权管理协会与会员签订的合同，并非全部是信托合同，协会也根据权利人的需求采取灵活的形式订立合同，其中不仅包括代理合同，也包括转让及其他形式的合同。

三、确定授权方式的原则

著作权人授权集体管理组织来行使和管理本应由著作权人自己行使的权利，其缘由在于，集体管理组织有比较多的优势，能够更好地实现和维护著作权人的利益。著作权人以怎样的方式授权，集体管理组织获得的是什么性质的权利，都应服从于集体管理的基本目的——使作品得到充分利用。因此，只要著作权人对集体管理组织的授权有利于实现集体管理的基本目的，就应当得到允许。国家法律在这个问题上可以效仿电子商务领域的"技术中立"原则，在著作权人对集体管理组织的授权方式上采取中立

---

❶ 许超："解读《著作权集体管理条例》"，载《电子知识产权》2005年第3期，第15～21页。

态度，不偏向、不歧视任一种特定的授权方式，法律只规定希望看到的效果，能达到这个效果的任何方式都是不受禁止的。

另外，在存在多种授权方式时，著作权人与集体管理组织之间可以根据其实际需要来选择和约定具体的方式。这是对作为私权的著作权的尊重，也是对作为平等民事主体的著作权人及集体管理组织的意思自由的尊重。著作权人是其最大利益的最佳判断者，适度竞争状态中的集体管理组织亦是理性经济人，二者之间的自由谈判协商以及最后达成的合同，应当是有益于集体管理目的的实现。

应当说，我国《著作权法》第八条的规定体现了对著作权及其权利人的尊重，对民事主体自由意志的维护。该规定蕴涵了这样的意思：著作权人可以授权集体管理组织管理其著作权，也可以不授权集体管理组织而由自己管理；著作权人在授权时，可以指示集体管理组织以其自身的名义管理著作权人的权利，也可以作出相反的指示；集体管理组织在为管理活动及参加诉讼时，可以以自身的名义进行，也可以不以自己的名义而以著作权人的名义进行。

但是，《著作权集体管理条例》第二条及第二十条，对上述规定进行了限制：集体管理组织必须以组织自身的名义管理著作权人的权利，否则就不是"著作权集体管理"（第二条）；权利人与著作权集体管理组织订立著作权集体管理合同后，不得在合同约定期限内自己行使或者许可他人行使合同约定的由著作权集体管理组织行使的权利（第二十条）。这两条规定，对于政府部门加强对集体管理组织的监管以及规范著作权集体管理市场，是有很大的帮助的，但是否有利于集体管理组织为维护著作权人的利益而灵活行动，则可以存疑。

《著作权法实施条例》第二条及第二十条，对《著作权法》第八条的含义进行了限缩，不过，它们也还为集体管理组织获得授权保留了一定的选择余地。条例第二条及第二十条规定了授权合同所应该达到的效果——集体管理组织以自己的名义行使的权利，著作权人在约定期限内不得行使或许可他人行使，而未限定合同的性质。换言之，只要能达到该效果，则授权合同可以是任何法律所允许的方式。按照我国法律，转让合同（《合同法》）、专有许可合同（《著作权法》）、信托合同（《信托法》），都可以达到这个效果。理论上签订其他两种合同也是允许的。但在法律施行的过程中，人们进一步把法律包含的范围缩小至信托合同。

总之，将著作权人对集体管理组织的授权定性为信托，对确定集体管理组织的诉讼地位是极为有利的；但是如果仅限于此，则对集体管理组织的活动多由掣肘之处。不同作品在种类、利用方法、流通形态或经济价值等方面，存在非常大的差异。除信托外，以代理及转让或其他方式获得授权，对集体管理组织也是必要的。信托性质的管理对传统上的"小权利"是适宜的；委托代理性质的集体管理，则适于对戏剧作品等"大权利"作品的管理。对大权利作品使用的监督要比对音乐作品等的监督容易，因而这类作品的使用实际上直接由作者控制。然而，由于作者个人仍然很难真正了解所有的使用情况，并且大权利作品的使用形式也日趋多样，例如戏剧演出可以被拍成电影和广播，这些作者需要一个代理人代表他们来管理其作品的权利，诸如发放许可证、收取版税、管理财务以及监督许可证的使用情况等。出于种种原因，这些作者往往选择集体管理组织作为其代理人。❶ 另外，如果著作权人乐意以未来定期接受经济利益为对价，将著作权的特定部分转让给集体管理组织，似乎也无禁止的理由。总之，在目前及将来作品利用情况越来越复杂，著作权人的需要越来越多样化的趋势下，代理、转让或其他性质的著作权集体管理，或许不会占据主流，但无疑会是对单一的信托性质管理的有益补充。国家法律应当全面考虑数字环境下的作品形态及利用方式，并充分认识集体管理组织功能的中间化趋势，对集体管理组织获得授权的方式持更加宽松的态度。

第四节　余　论

当视线从集体管理组织产生和发展的历史之河，转移到当下中国的现实，呈现在眼前的不复是层次清晰逻辑分明的线条，而是一个一时难以找到出口的迷宫。在别人身上发生过的历史与经验、事实与逻辑，在多大程度上可以适用于我们？我感到，下任何的结论都必须极其谨慎。饶是如此，想找到迷宫的出口，也是困难重重。

与现代社会的其他部分一样，我国在著作权集体管理方面的历史非常短暂，但是现在面临的是与那些先行者所面临的一样复

---

❶　斯特法尼娅·尔科拉尼："对非音乐作品的集体管理"，中国欧盟版权集体管理研讨会资料。转引自翟瑞卿："著作权集体管理的法律关系分析"，载《法律适用》2003 年第 1 期，第 121～123 页。

杂的版权世界。在 200 多年时间里积累的集体管理的经验与逻辑，我们尚未完全明了；数字网络和多媒体时代的浪潮，几乎是在突然之间席卷了这个对我们来说还比较生疏的世界。著作权集体管理的目的和功能、著作权集体管理组织的布局、获得授权的方式、进行许可的模式，以及垄断规制等问题，都需要在考察历史缘由、当下状况以及未来趋势之后，才可以作出恰当的解答。本书在我国著作权管理组织未来发展趋势、布局以及获得授权的方式等方面，尝试给出一种可行的方向或比较具体的解决途径。作者本人虽怀有解决问题的雄心和热情，然而问题的复杂性与难度超乎想象，令我不敢过多期待拙文能够产生改变观念或现实的力量。

如果本文对著作权集体管理组织发展过程的经验与逻辑的梳理，能够对他人提出解决问题的办法有所助益，本书的价值或可得到体现，那也正是我所期待和自信的部分。我相信，对他国经验和方法的了解和比较，对于我们采取正确的方法解决自己的问题，是有好处的。正如卡多佐法官所说的那样："所有的方法都应被视为工具，而非偶像。我们必须用其中一些方法来验证另一些方法，补充和加强存在缺憾的地方，以便在需要的时候，我们可以采用最好的、最有力的方法。这样看待它们，我们会发现，它们往往不是相互对抗的，而是同盟军。"❶

---

❶ ［美］本杰明·N. 卡多佐：《法律的成长》，董炯、彭冰译，中国法制出版社 2002 年版，第 57 页。

参考文献

一、国内学者中文著作

[1] 刘春田，主编. 知识产权法［M］. 第三版. 北京：北京大学出版社，2007.

[2] 刘春田，主编. 知识产权评论［M］：第一卷. 北京：商务印书馆，2001.

[3] 刘春田，主编. 知识产权评论［M］：第二卷. 北京：商务印书馆，2006.

[4] 郭禾. 知识产权法选论［M］. 北京：人民交通出版社. 2001。

[5] 郭寿康. 郭寿康文集［M］. 北京：知识产权出版社. 2005.

[6] 冯晓青. 知识产权利益平衡论［M］. 北京：中国政法大学出版社. 2006.

[7] 李琛. 论知识产权的体系化［M］. 北京：北京大学出版社. 2005.

[8] 李琛. 知识产权片论［M］. 北京：中国方正出版社. 2004.

[9] 金海军. 知识产权私权论［M］. 北京：中国人民大学出版社. 2004.

[10] 张玉敏，主编. 中国欧盟知识产权法比较研究［M］. 北京：法律出版社. 2005.

[11] 沈仁干，主编. 数字技术与著作权：概念、规范与实例［M］. 北京：法律出版社. 2004.

[12] 吴汉东. 著作权合理使用制度研究［M］. 北京：中国政法大学出版社，2005.

[13] 吴汉东.知识产权基本问题研究［M］.北京：中国人民大学出版社.2005.

[14] 吴汉东，曹新民，等.西方诸国著作权制度研究［M］.北京：中国政法大学出版社.1998.

[15] 蒋凯.中国音乐著作权管理与诉讼［M］.北京：知识产权出版社.2008.

[16] 杨仁寿.法学方法论［M］.北京：中国政法大学出版社，1999.

[17] 黄茂荣.法学方法与现代民法［M］.北京：中国政法大学出版社，2001.

[18] 张茹等.数字版权管理［M］.北京：北京邮电大学出版社，2008.

[19] 刘志刚.电子版权的合理使用［M］.北京：社会科学文献出版社，2007.

[20] 曹世华等.后 Trips 时代知识产权前沿问题研究［M］.北京：中国科学技术大学出版社，2006.

[21] 周林主编.知识产权研究［M］.第 18 卷.北京：知识产权出版社，2007.

[22] 薛虹.网络时代的知识产权法［M］.北京：法律出版社，2000.

[23] 薛虹.知识产权与电子商务［M］.北京：法律出版社，2003.

[24] 韦之.著作权法原理［M］.北京：北京大学出版社，1998.

[25] 韦之.知识产权论［M］.北京：知识产权出版社，2002.

[26] 王清.著作权限制制度比较研究［M］.北京：人民出版社，2007.

[27] 李雨峰.枪口下的法律——中国版权史研究［M］.北京：知识产权出版社，2006.

[28] 梁志文.数字著作权论［M］.北京：知识产权出版社，2007.

[29] 冯象.政法笔记［M］.南京：江苏人民出版社，2004.

[30] 赵毅衡编选.符号学论文集［M］.天津：天津百花文艺出版社，2004.

[31] 张楚主编.知识产权前沿报告［M］:第一卷.北京：中国检察出

版社，2007.

［32］李怀.自然垄断理论研究［M］.大连：东北财经大学出版社，2003.

［33］国家版权局编.著作权的管理与行使论文集［M］.上海：上海译
　　　文出版社，1995.

二、国外学者中文译著

［1］［澳］布拉德·谢尔曼，［英］莱昂内尔·本特利.现代知识产权
　　　法的演进［M］.金海军，译.北京：北京大学出版社，2006.

［2］［美］威廉·M.兰德斯、理查德·A.·波斯纳.知识产权法的经济
　　　结构［M］.金海军，译.北京：北京大学出版社，2005.

［3］［美］Paul Goldstein.捍卫著作权——从印刷术到数位时代的著作
　　　权［M］.叶茂林，译.台湾：五南图书出版有限公司，2000.

［4］［美］保罗·戈尔斯坦.国际版权：原则、法律与惯例［M］.王文
　　　娟，译.北京：中国劳动社会保障出版社，2003.

［5］［德］M.雷炳德.著作权法［M］.张恩民，译.北京：法律出版
　　　社，2005.

［6］［日］中山信弘.多媒体与著作权［M］.张玉瑞，译.北京：专利文
　　　献出版社，1997.

［7］［德］瓦尔特·本雅明.机械复制时代的艺术作品［M］.王才勇，
　　　译.南京：凤凰出版传媒集团、江苏人民出版社，2006.

［8］［法］乔治·萨杜尔.世界电影史［M］.徐昭，胡承伟，译.北京：
　　　中国电影出版社，1995.

［9］［英］帕斯卡尔·卡米纳.欧盟电影版权［M］.籍之伟，等，译.北
　　　京：中国电影出版社，2006.

［10］［美］安德烈·希夫林.出版业［M］.白希峰，译.北京：机械工
　　　业出版社，2005.

［11］［美］杰弗里·赫尔.音像产业管理［M］.陈显，等，译.北京：
　　　清华大学出版社，2005.

［12］［英］保罗·理查森.英国出版业［M］.袁方，译.北京：世界图书出版公司北京分公司，2006.

［13］［澳］彼得·德沃斯.知识财产法哲学［M］.周林，译.北京：商务印书馆，2008.

［14］［加］迈克尔·盖斯特.为了公共利益——加拿大版权法的未来［M］.李静，译.北京：知识产权出版社，2008.

［15］［美］苏珊·K.塞尔.私权、公法——知识产权的全球化［M］.董刚，周超，译.北京：中国人民大学出版社，2008.

［16］［英］玛里琳·巴特勒.浪漫派、叛逆者及反动派——1760～1830年间的英国文学及其背景［M］.黄梅，陆建德，译.沈阳：辽宁教育出版社、牛津大学出版社，2006.

［17］　［英］T.A.杰克逊.查尔·狄更斯——一个激进人物的进程［M］.范德一，译.上海：上海译文出版社，1993.

［18］［英］狄更斯.狄更斯演讲集［M］.丁建明，等，译.杭州：浙江文艺出版社，2006.

［19］［英］查尔斯·狄更斯.美国手记（American Notes）［M］.刘晓媛，译.厦门：鹭江出版社，2006.

［20］德里娅·利普希克.著作权与邻接权［M］.北京：中国对外翻译出版公司，2000.

［21］［美］威廉·W.费舍尔.说话算话：技术、法律以及娱乐的未来［M］.李旭，译.上海：上海三联书店，2008.

［22］［美］本杰明·N.卡多佐.法律的成长［M］.董炯，彭冰，译.北京：中国法制出版社，2002.

三、中文学术论文

［1］郭禾.网络技术对著作权的影响［J］.科技与法律，2001（1）.

［2］郭禾.规避技术措施行为的法律属性辩析［J］.电子知识产权，2004（10）.

［3］熊琦.集体管理与私人许可：著作权利用的去中间化趋势［J］.知识产权，2007（6）.

［4］李彬、杨士强.数字权利管理的关键技术、标准与实现［J］.现代电视技术，2004（11）.

［5］徐丽芳.数字权利管理系统的功能与结构［J］.出版科学，2007（4）.

［6］曹世华.数字出版产业呼唤著作权集体管理现代化［J］.中国出版，2006（9）.

［7］［日］北川善太郎.网上信息、著作权与契约［J］.渠涛，译.外国法译评，1998（3）.

［8］［日］北川善太郎.作为协议体系的著作权市场——论复制市场［J］.龚三苗译.中国电子出版，1998（2）.

［9］［日］北川善太郎.不久未来的法律模型——由不久未来而思考现代［J］华夏，吴晓燕，译.比较法研究，2006（1）.

［10］刘韶华.信托视角下的著作权集体管理制度［J］.法律适用，2006（5）.

［11］韦之.论著作权集体管理机构管理的权利——关于著作权法修定稿的思考［J］.法商研究，1999（3）.

［12］周艳敏、宋慧献.我国著作权集体管理的主要原则——著作权集体管理条例核心问题解读［J］.中国出版，2005（3）.

［13］李永明、曹兴龙.中美著作权法定许可制度比较研究［J］.浙江大学学报（人文社会科学版），2005，35（4）.

［14］金武卫.著作权集体管理条例主要问题评述［J］.电子知识产权，2005（2）.

［15］许超.解读著作权集体管理条例［J］.电子知识产权，2005（2）.

［16］叶新.国外著作权集体管理组织概况［J］.出版发行研究，2005（6）.

［17］甄西.日本著作权管理行业引进竞争机制［J］.中国版权，2003

（3）.

[18] 高思译.1995 年德国著作权集体管理协会简况［J］.著作权，1997（2）.

[19] 崔国斌.著作权集体管理组织的反垄断限制［C］//清华法学（第六辑）.清华大学出版社，2005.

[20] 卢海君.论市场导向的著作权集体管理［J］.电子知识产权，2007（3）.

[21] 蒋万来.论我国著作权集体管理制度的完善［J］.电子知识产权，2003（11）.

[22] 佟姝、姜庶伟.著作权集体管理组织起诉民事案件审理情况现状及其发展趋势［C］//著作权集体管理研讨会论文.江苏南京，2005（11）.

[23] 翟瑞卿.著作权集体管理的法律关系分析［J］.法律适用，2003（1）.

[24] 邵明艳、张晓津.著作权集体管理制度的发展与完善——北京首例中国音乐著作权协会通过诉讼代表会员主张权利案评析［J］.法律适用，2001（10）.

[25] 张薇.从一则案例谈著作权集体管理组织的权利滥用［J］.河南司法警官学院学报，2006，4（2）.

[26] 卢旺存.德国著作权保护机构及著作权集体管理协会［J］.社科纵横，1999（5）.

[27] 刘棣辉.对著作权集体管理条例的疑问［J］.出版参考，2005（10）.

[28] 李洪武.垄断与限制垄断：著作权集体管理在信息网络时代的扩张［J］.图书情报知识，2005（4）.

[29] 陈建青.论我国的著作权集体管理模式——基于著作权集体管理条例第七条的分析［J］.福州大学学报（哲学社会科学版），2007（3）.

［30］李锋.论我国著作权集体管理的性质［J］.韶关学院学报：社会科学，2005，26（11）.

［31］刘淑华.论信托法原理在著作权集体管理关系中的运用［J］.湖南税务高等专科学校学报，2004（1）.

［32］杨德兴.论著作权集体管理合同的性质［J］.邢台学院学报，2003，18（4）.

［33］常青.论著作权集体管理制度：法经济学的视角［J］.法学杂志，2006（6）.

［34］金雷.试论我国著作权集体管理机构应有的法律地位［J］.青海师范大学学报（哲学社会科学版），2000（1）.

［35］刘信业.试论我国著作权集体管理制度的建立和完善［J］.河南政法干部管理学院学报，2000（4）.

［36］秦珂.试论著作权集体管理制度规制下的图书馆建设——评著作权集体管理条例对图书馆的影响［J］.情报杂志，2006（1）.

［37］张林.数字时代著作权集体管理制度的反思与重构［J］.桂海论丛，2005，21（3）.

［38］易晓阳.数字图书馆建设中的版权许可与著作权集体管理组织［J］.图书馆学研究，2004（12）.

［39］李志勋.网络环境下著作权集体管理的效能分析［J］.郑州航空工业管理学院学报（社会科学版），2005，24（3）.

［40］成悦.我国著作权集体管理组织模式探讨——透过中美版权的差异［J］.现代情报，2003（11）.

［41］张建华.现代技术发展与著作权集体管理制度探讨［J］.知识产权，1999（1）.

［42］姚宇聪、叶新.香港著作权集体管理近况［J］.出版参考，2007（6）.

［43］赵强.遗憾的缺位——论著作权集体管理组织的法律地位［J］.出版发行研究，2004（1）.

[44] 宋慧献、周艳敏.因应时代的著作权管理制度的革新——日本著作权与邻接权管理事务法评介 [J].知识产权，2002（5）.

[45] 张隽.著作权集体管理组织的诉权 [J].金陵科技学院学报（社会科学版），2005，19（4）.

[46] 唐广良.日、中两国著作权制度差异探究——两国音乐著作权制度比较研究 [C] //郑成思.知识产权研究：第十卷.方正出版社，2000.

[47] ［德］阿尔道夫.迪茨，著.许超，译.关于修改中国著作权法的报告草案 [M] //郑成思.知识产权研究：第十卷.方正出版社，2000.

[48] 陶鑫良.中国音乐著作权协会诉上海市演出公司等著作权使用费纠纷案 [C] //郑胜利.北大知识产权评论：第一卷.法律出版社，2002.

[49] 林晓云.美国著作权对背景音乐的保护 [C] //王立民.知识产权法研究：第一卷.北京大学出版社，2005.

[50] 许光耀.著作权拒绝许可行为的竞争法分析 [J].环球法律评论，2007（6）.

[51] 王福珍.日本著作权史上的"普拉格旋风" [J].著作权，1997（4）.

[52] 刘镇玮.两岸音乐著作权集体管理制度比较 [C] //张楚.知识产权前沿报告：第一卷.中国检察出版社，2007.

[53] 翟建雄.美国版权法中图书馆复制权的例外规定——第 108 节的历史考察 [J].法律文献信息与研究，2007（2）.

[54] 孙秋宁.论音乐作品的法定许可录音——以新著作权法第 39 条第三款为中心 [C] //陈绪刚.北大法律评论.法律出版社，2002.

[55] 王迁.我国著作权法中"广播权"与"信息网络传播权"的重构 [J].重庆工学院学报（社会科学），2008（9）.

[56] 万勇.中国著作权法的表演权 [J].电子知识产权，2007（6）.

［57］［德］J. 哈贝马斯. 关于公共领域问题的问答［J］. 社会学研究，1999（3）.

［58］李雨峰. 版权扩张：一种合法性的反思［J］. 现代法学，2001，23（5）.

［59］李雨峰. 从写者到作者——对著作权制度的一种功能主义解释［J］. 政法论坛，2006（6）.

［60］冯晓青. 著作权法中的公共领域［J］. 湘潭大学学报（哲学社会科学版），2006，30（1）.

［61］拉坦. 诱致性制度变迁理论［C］//陈昕. 财产权利与制度变迁. 上海三联书店，1994.

四、英文著作

［1］Prof. Daniel Gervais（ed.）. Collective Management of Copyright and Related Rights［G］. Kluwer Law International，2006.

［2］Dr. Mihaly Ficsor. Collective Management of Copyright and Related Rights.［M］. WIPO Publication No. 855（E），2002.

［3］Catherine Seville. The internationalization of copyright law：books，buccaneers and the black flag in the nineteenth century［M］. New York：Cambridge University Press，2006.

［4］Catherine Seville. Literary Copyright Reform in Early Victorian England［M］. Cambridge University Press，1999.

［5］Makeen Fouad Makeen. Copyright in a Global Information Society：The Scope of Copyright Protection Under International，US，UK and French Law［M］. Kluwer Law International，2000.

［6］Paul Goldstein. Copyright，Patent，Trademark，and Related State Doctrines：Cases and Materials on The Law of Intellectual Property［M］. New York：Foundation Press，2002.

［7］Paul Goldstein. Copyright's Highway：From Gutenberg to The Celestial

Jukebox [M]. Standford University Press, 2003.

[8] Melville B. Nimmer. Cases and Materials on Copyright and Other Aspects of Law Pertaining to Literary, Musical, and Artistic Works [M]. Minn. : West Pub. Co. , 1979.

[9] Library photocopying in the United states: with implications for the development of a copyright royalty payment mechanism. [R] //submitted by King Research, Inc. . to National Commission on Library and Information Science.

[10] David Saunders. Authorship and Copyright [M]. London and New York: Routledge, 1992.

[11] Lyman Ray Patterson. Copyright in Historical Perspective [M]. Nashville Vanderbilt University Press, 1968.

[12] John Feather. Publishing, Piracy and Politics [M]. London: Mansell Publishing Limited, 1994.

[13] James Hepburn. The Author's Empty Purse and the Rise of the Literary Agent [M]. London: Oxford University Press, 1968.

[14] Copinger and Skone James on Copyright [G]. Fifth Edition. London: Sweet & Maxwell, 2005.

[15] Cyril Ehrlich. Harmonious Alliance: A History of the Performing Right Society [M]. New York: Oxford University, 1988.

[16] Robert Montgomery and Robert Threfall. Music and Copyright: Delius and His Publishers [M]. MPG Book Ltd, Bodwin, Cornwall, 2007.

[17] Sam Ricketdon & Jane C. Ginsburg. The Berne Convention for the Protection of Literary and Artistic Works: 1886 ~ 1986 [M]. London: Queen Mary College, Centre for Commercial Law Studies, 1987.

[18] Ariel Katz. Issues at the Interface of Antitrust and Intellectual Property Law [D]. a thesis for the degree of doctor of juridical sciences, Faculty of Law, University of Toronto, 2005.

五、英文学术论文

［1］ Bernard Korman and Fred Koenigsberg. Performing Rights in Music and Performing Rights Societies ［J］. Journal of the Copyright Society of the USA, 1986, 33（4）.

［2］ Zentaro Kitagawa. Copymart: A New Concept-An Application of Digital Technology to The Collective Management of Copyright ［C］//A thesis on the WIPO Worldwide Symposium on the Impact of Digital Technology on Copyright and Neighboring Rights. Harvard University, Cambridge, 1993, March 31 to April 2.

［3］ Scott M. Gawlicki. Supporting the Growing Copyright Compliance Culture ［DB/OL］. http://www. copyright. com/inside_ counsel_ News_ 2006. pdf.

［4］ Daniel Gervais and Alana Maurushat. Fragmented Copyright, Fragmented Management: Proposals to Defrag Copyright Management ［J］. Canadian Journal of Law and Technology, 2003, 2.

［5］ Simon H. Rifkind. Music Copyright and Antirust: a Turbulent Courtship ［J］. Cardozo Arts and Entainment, 1985, 4（1）.

［6］ A. Dietz. Legal Regulation of Collective Management of Copyright（Collecting Societies Law）in Western and Eastern Europe ［J］. Journal of the Copyright Society of the U. S. A. , 2002, 49.

［7］ Dr. S. von Lewinski. Functions of Collecting Societies in General ［C］//Collective Administration of Copyright and Neighbouring Rights（MPI Book Project）.

［8］ Josef Drexl. Collecting Societies and Competition Law ［C］//Collective Administration of Copyright and Neighbouring Rights（MPI Book Project）.

［9］ Ralph Oman. The Compulsory License Redux: Will It Survive In A Changing Marketplace? [J]. Cardozo Arts & Entertainment, 1986, 5.

[10] F. William Grosheide. Copyright Law from a User's Perspective: Access Rights for Users [J]. European Intellectual Property Review, 2001, 23.

[11] Robert P. Merges. Contracting into liability rules: Intellectual Property and Collective Rights Organizations [J]. California Law Review, 1996, 86.

[12] Richard A. Posner, "Natural Monopoly and Its Regulation" [J]. 21 Stan. L. Rew, 1969.

[13] Ronan Deazley. Re-reading Donaldson in the Twenty-first Century and Why it Matters [J]. European Intellectual Property Review, 2003

[14] Martha Woodmansee. On the Author Effect: Recovering Collectivity [J]. Cardozo Arts& Entertainment: Vol. 10.

[15] Zvi S. Rosen. the Twilight of the Opera Pirates: A Prehistory of the Exclusive Right of Public Performance For Musical Compositions [J]. Cardozo Arts & Entertainment: Vol. 25.

[16] Boyle J.. the Search for An Author: Shakespeare and the Framers [J]. American University Law Review, 1988, 37.

[17] Maureen A. O' Rourke. A Brief History of Author-Publisher Relations and the Outlook for the 21st Century [J]. Journal of the Copyright Society of the USA: 2003, 50.

[18] Fred Koenigsberg. Performing Rights in Music and Performing Rights Organizations [J]. Journal of the Copyright Society of the USA, 2003, 50.

[19] David Aitman and Alison Jones. Competition Law and Copyright: Has the Copyright Owner Lost the Ability to Control his Copyright? [J]. European Intellectual Property Review, 2004, 26.

[20] Herman Cohen Jehoram. The Future of Copyright Collecting Societies

［J］. European Intellectual Property Review, 2001, 23.

六、法律、文件、报告

［1］著作权集体管理条例［Z］, 2001.

［2］著作权集体管理研讨会论文［C］. 江苏南京, 2005.

［3］美国版权法［M］. 孙新强, 于改之, 译. 中国人民大学出版社, 2002.

［4］保护文学和艺术作品伯尔尼公约指南［M］. 刘波林, 译. 中国人民大学出版社, 2002.

［5］法国知识产权法典（法律部分）［M］. 黄晖, 译. 商务印书馆, 1999.

［6］德国著作权法与邻接权法［M］//［德］M. 雷炳德. 著作权法：附录三. 张恩民, 译. 法律出版社, 2006.

［7］日本著作权管理事务法［DB/OL］. http：//www. cric. or. jp.

［8］日本著作权与邻接权管理事务法［DB/OL］. http：//www. cric. or. jp.

［9］安娜法［M］//刘波林, 译. 刘春田. 中国知识产权评论. 商务印书馆, 2006.

［10］英国版权法［DB/OL］. online：http：//fg. hbsti. org. cn/upload/infoattach/729_ 3. doc.

［11］世界知识产权组织, 国际复制权组织联合会. 影印复制的集体管理［Z/OL］. www. http. doc88. com/p－78062691768. html.

［12］IFPI（国际唱片业）：07 数字音乐报告.

［13］IFPI（国际唱片业）：06 数字音乐报告.

［14］IFPI（国际唱片业）：2008 数字音乐报告.

［15］EC. Council Directive 93/83/EEC of 27 September 1993 on the coordination of certain rules concerning copyright and rights related to copyright applicable to satellite broadcasting and cable retransmission ［Satellite and Cable Directive] [J/OL]. www. europa. eu. int/eurlex/lex/Lex-UriServ/LexUriServ. do? uri = CELEX: 31993L0083: EN: HTML, [2007 – 12 –20].

[16] EC. Directive 2001/29/EC of the European Parliament and Council of 22 May 2001 on the harmonization of certain aspects of copyright and related rights in the information society (2001), [Copyright Directive], [J/OL]. www. europa. eu. int/eurlex/en/consleg/pdf/2001/en _ 2001L0029_ do_ 001. pdf, [2007 –12 –20].

[17] Copyright Board of Canada. Annual report 2006 ~ 2007 [R/OL], www. cb-cda. cg. ca

[18] Copyright Board of Canada. Copyright Act [EB/OL]. www. cb-cda. cg. ca.

[19] Copyright Board of Canada. Statement of Royalties to be Collected by SOCAN for the Communication to the Public by Telecommunication, in Canada, of Musical or Dramatico-musical Works [R/OL]. www. cb-cda. cg. ca.

[20] Copyright Board of Canada. 2007 ~ 2008 Estimates, Part3-Report on Plans and Priorities [R/OL], www. cb-cda. cg. ca.

后　　记

　　刘春田教授曾经风趣地把知识产权领域比喻成富含水资源的宝地，随便一锄头下去，就可以挖掘出甘洌的清泉。我在研习知识产权法的过程中，也时时感受到这个广博的研究领域处处蕴涵生机。然而涉及博士学位论文，我却对我抡起来的这一锄头将要砸向何处，感到难以决断。2007 年 9 月，我的导师郭禾教授主持了国家版权局一个关于修改《著作权集体管理条例》的课题，老师为此组织了课题组，我忝列其中，参与调研、搜集整理资料以及课题报告撰写工作。约 5 个月后课题完成，我却感到意犹未尽。课题的主要任务，是对我国著作权集体管理制度各个方面的主要问题进行梳理和分析，提出改良的建议，供国家版权局修订《著作权法》时参考。在这个过程中，著作权集体管理各制度的由来与背后的逻辑，一直在吸引着我去探究。然而由于课题的任务与时间所限，只能匆匆一瞥，看到的只是浮光掠影。2008 年春末夏初，选择学位论文题目的时候，我决定把准备了几年的这把锄头，砸在著作权集体管理组织这块沃土上。

　　对于欧洲国家来说，著作权集体管理制度是著作权法律中的一个重要环节；如果没有著作权集体管理制度，欧洲人很难想像权利人，尤其是音乐表演权的权利人，能够通过什么样的途径实现著作权。我们国家的著作权制度多半仿自欧洲，但是在我们国家，著作权集体管理制度是著作权法各子系统中最不受重视的部分，长期处于被人遗忘的角落，并没有被认为是著作权研究的沃土。我在考虑是否选择这个课题作为博士论文的研究重点时，也心存犹疑。导师郭禾教授对选题的意义予以认可，并鼓励我去深挖著作权集体管理组织的历史发展过程，探明现今制度之所以然的部分。我在论文的前期准备过程中就发觉，导师的眼光是老辣精准的：这个领域可供开采的泉水取之不竭！现在，苦乐交加的写作过程虽已结束，我仍感到这个课题充满魅力。

　　如果我的探索和思考有些许益处，其中很大一部分要归功于郭老师对我的鼓励、指导以及在主持课题时给我提供的机会。郭老师性情温和，总是对学生充满信任；他在提出意见时也力图委婉，不愿意给学生过大的压力，或损及学生的自尊。生性敏感自卑的我，在老师造就的宽和气氛中受益匪浅。不仅如此，郭老师对我的探索提供了非常多的实质性帮助。他去德国出差时，帮我复印的"A History of the Performing Right Society"这本书，使我有机会全面直观地了解极具代表性的表演权组织——英国表演权协会的历史发展进程。在这次紧张的旅程中，他还把一些尚未公开发表的学术会议论文做成 PDF 寄给我参考。我去他的办公室向他汇报论文进展时，常有意外的收获，老师不时馈赠给我与课题有关的材料，其中有许多是他去别处公干时，特意向主办方索要的。我不知道该如何感谢老师。唯一能做的就是常常提醒自己，勿辜负老师的帮助。

　　在论文开题报告会上，我得到刘春田教授、李琛、金海军、姚欢庆副教授的热情指导；老师们提出中肯的意见，帮助我把谬误、过失和不足降低到尽可能少的程度。刘老师恢宏精辟的论断、李老师妙语如珠的解析、金老师缜密认真的思路、姚老师激情洋溢的阐释，至今想起来依然感到一种精神上的震撼。在此之前的学习过程中，我也曾有机会领略过张志铭教授、杨立新教授、马小红教授、王轶教授、黎建飞教授、叶林教授、张新宝教授等的真知灼见。我攻读硕士学位时的导师刘广安教授在我离开法大后还一直关心我，并时时给我有益的教导和启发。在此向各位老师深表敬意！

我的同学张玉珠女士，利用她的借阅资格，在英国的各大图书馆系统上帮我查找我所需要的材料，并且现学新式复制机器的操纵技术，为我复制、扫描、电邮；王亦君、杨慧芳、原婉霞、陈静、程艳、郎贵梅等好友，在我攻读博士学位期间一直鼓励和支持我，给予我莫大的精神力量；平时不好意思对他们言谢，但愿他们能感知到我的真挚情怀。

感谢中国法学会知识产权分会的评委们对这篇论文的厚爱。是他们的认可让我有信心把自己的学习和研究成果奉送出来，接受更多读者的检阅和评判。知识产权出版社慷慨地提供了这样的机会，我感到莫大的荣幸。温和知性的刘睿女士，为本书能够早日面世奉献出极大的耐心、热情及辛勤的劳动，让我深深感动。

最后，我要感谢我的爱人学俭，没有他的支持，我不可能走到现在。还要感谢我的女儿谦益，她使我的人生充满爱意。

罗向京

于北京稻香园

2011 年 2 月 21 日